Liselotte Rohlfs

Kurzgeschichten

Liselotte Rohlfs

Kurzgeschichten

Zum Schmunzeln und Nachdenken

Re Di Roma-Verlag

Bibliografische Information der Deutschen Nationalbibliothek:
Die Deutsche Nationalbibliothek verzeichnet diese Publikation in der Deutschen Nationalbibliografie; detaillierte bibliografische Daten sind im Internet über http://dnb.ddb.de abrufbar.

rohlfs_liselotte@yahoo.de

ISBN 978-3-86870-449-5

www.rediroma-verlag.de
9,95 Euro (D)

Inhalt

Vorwort 7

Erinnerung an die Vorweihnachtszeit 9

Die Rübe 13

Das Weihnachtsgeschenk 15

Kleine Sünden 17

Der Arztbesuch 21

Auf dem Jahrmarkt 23

Warum? 25

Die Kellerbäckerei 29

Der Pudding 31

Die Amerikaner 33

Die Feuerwehr im Haus 35

Der Paternoster 37

Die Geburtstags- “Überraschung“ 39

Im ehemaligen Gefängnis 41

Der Sonntagsbesuch 45

Naschkatze 49

Das kleine Schwesterchen 51

Der Sonntagsausflug 53

Die arme Kuh 57

Erntehelfer gesucht! 59

Der 80. Geburtstag 61

Der Neubeginn 63

Knobeln 67

Das leere Versprechen 69

Das kranke Zicklein 73

Tablettenrennen 77

Hackfleischbällchen 79

Die Reise nach Helgoland 81

Der große Fang 85

Die Augen-OP 87

Die zweite und dritte Augen-OP 91

Vorwort

Die Idee zu diesem Buch kam nicht über Nacht, sondern entstand erst nach und nach. Dabei schrieb ich die erste Geschichte schon in den 60er Jahren. Mit ihr beginnt dieses Buch daher auch. Doch erst vor einigen Jahren entdeckte ich meine Lust am Schreiben von neuem. Ermutigt durch die gute Resonanz bei den Menschen, denen ich meine ersten Geschichten vorgelesen und zum Lesen gegeben habe, wurden es nach und nach immer mehr – 31 sind es nun an der Zahl.
Die meisten Geschichten beruhen auf wahren Begebenheiten aus meinem Leben. Viele sollen zum Schmunzeln, einige aber auch zum Nachdenken anregen. Einige schildern die Erlebnisse aus meiner eigenen Sicht und ganz so wie sie sich tatsächlich ereignet haben; andere wiederum enthalten auch viel Phantasie und handeln von Personen, die (mehr oder weniger) frei erfunden sind. Was Phantasie und was Wirklichkeit ist? Das findet selbst heraus…

Ich widme dieses Buch meinen Kindern und all meinen Lieben!

Mein Dank gilt Herrn Dr. Martin Fellenberg, der alle Geschichten gegengelesen und überarbeitet und alle Arbeiten am Computer übernommen hat.

Wankendorf, im Mai 2012

Erinnerung an die Vorweihnachtszeit

Wir schrieben das Jahr 1944. Es war vier Wochen vor Weihnachten: wieder einmal war Ebbe in unserer Speisekammer. Es war wieder an der Zeit, zu unserer Oma zu fahren und die Kammer wieder etwas aufzufüllen, und das sah so aus:

Ich als die Älteste - ich war gerade 14 Jahre alt - musste wieder los. Das machte mir nichts aus, denn ich fuhr gern zu der geliebten Oma, nur diesmal nicht allein. Meinen kleinen Bruder von 2 Jahren sollte ich mitnehmen. „Du bist ja schon groß." Oma wusste auch schon brieflich Bescheid. Also, gesagt und getan, und schon ging's los, und der kleine Holzkoffer wurde mit etwas Wäsche gepackt; aber so wie ich es mir und meine Eltern sich vorgestellt hatten, verlief es nicht.
Zum Bus wurden wir noch von Papa gebracht; nun waren wir allein auf uns gestellt. Wir mussten eine Stunde auf den Bus warten, und endlich am Hauptbahnhof angekommen gab es wieder eine Überraschung. Es sah so aus, als würden wir gar nicht in den Zug kommen, denn der Bahnsteig war voller Soldaten. Aber dann hatten wir doch ein ganzes Abteil für uns, und zwar links und rechts eine Holzbank, und innen war ein Durchgang zu einer Tür. Kaum hatten wir Platz genommen, ging's schon los. Ich war schon öfter gefahren und war verwundert, weshalb der Zug schon so schnell fuhr. Ich hatte es bald ´raus, denn es war Fliegeralarm. Der Zug hielt an keiner Station; überall hingen die gelben Warnschilder. Fliegeralarm - mit Grauen

dachte ich schon daran, in Rendsburg über die Hochbrücke zu fahren. Die größte Sorge galt meinem kleinen Bruder - er war ja noch zu klein, um zu begreifen. Rendsburg kam immer näher und die Brücke schon in Sicht, und mein Herz war tief in die Hose gerutscht. Kaum befuhren wir im Eiltempo die Brücke, da sah ich aus dem Zugfenster, wie die Flak die Flugzeuge beschoss! Ich habe meinen kleinen Bruder auf den Boden gerissen, denn es ging ja um unser Leben! Ich habe mich noch auf ihn geworfen, aber wir kamen heil in Rendsburg an.
Dort war noch Alarm, und wir mussten uns sofort in einen Schutzraum begeben. Als nach eineinhalb Stunden Entwarnung war, konnten wir unsere Reise fortsetzen, die nun vom Kleinbahnhof weitergehen sollte. Natürlich musste ich meinen Kleinen tragen, er war so erschöpft und schon eingeschlafen; ich hatte Mühe, ihn noch zu halten. Ich las an der Tafel, dass der Zug schon vor einer Stunde abgefahren war und der nächste erst um 18 Uhr fahren sollte. Also, was nun? Ich überlegte, was zu tun sei; ich musste handeln. Ich wusste ja, wo die Bahn fuhr. Ich sagte zu meinem Kleinen: „Was soll ich tun?" Wir marschierten einfach los, ich den Kleinen im Huckepack, den Holzkoffer immer festhaltend, immer der Schiene nach, von einem Ort zum anderen. Bis Spannan haben wir es geschafft, dann konnte ich nicht mehr. Nette Wirtsleute haben uns eine warme Mahlzeit gereicht, und wir sind beide vor Müdigkeit eingeschlafen. Dann war es endlich soweit, und wir konnten den ersehnten Zug besteigen, und diesmal ohne Fliegerangriffe. Hocherfreut wurden wir von unserer Oma am Bahnhof abgeholt; sie sagte nur: „Ihr wolltet doch schon heute Mittag kommen."

Hinterher - und eigentlich erst viele Jahre später - wurde mir so richtig bewusst, welcher Gefahr wir ausgesetzt waren. Wir blieben übers Wochenende bei der Oma und haben noch mehr als den Holzkoffer voller Lebensmittel mitbekommen. Den Zug wollte ich nicht mehr nehmen. Lieber habe ich die Fahrt mit dem Milchwagen zur Meierei Kiel gemacht, und dort wurden wir von unseren Eltern abgeholt. „Na, war's denn schön?" „Ja Mama, aber nie wieder!"

Das war unsere Vorweihnachtszeit, und immer in der Vorweihnachtszeit fällt mir dieses Erlebnis ein.

Die Rübe

Es war im Jahre 1943, als ich gerade aus Sachsen zurückgekommen war, wohin ich im Rahmen der sogenannten Kinderlandverschickung mit vielen anderen Kindern aus Kiel gebracht worden war. Ich hatte 14 Tage Zeit, bei meinen Eltern in Kiel zu bleiben, dann sollte ich wieder los. Da meine Eltern schon am 14. Oktober 1942 ausgebombt worden waren, wusste ich schon, wie es in dem Häuserblock aussah, wo meine Eltern früher wohnten. Zu meinem Erstaunen sah ich jedoch, dass dort Frauen in der Ruinengrube waren. Es waren junge russische Frauen, und sie mussten Steine putzen und aufstapeln. Sie mussten sehr schwer arbeiten und hatten nur sehr zerschlissene Sachen an. Mir war klar, dass sie so etwas wie „Kriegsgefangene" sein mussten. Während ich um mich schaute, hörte ich eine Stimme, die zu mir sagte: „Du! Du, Rüben!" Eine der russischen Frauen wollte, dass ich ihnen Rüben besorge. Mir war klar, dass sie sehr hungrig sein mussten. Ich wollte zu den Russinnen gehen, aber ich habe einen Wachmann gesehen, der die Frauen bewachen sollte. Ich hatte Angst, denn er war ja auch bewaffnet, und es war Krieg. Was würde man mit mir machen wenn man sieht, dass ich den Frauen helfe? Der Wachmann sah mich und – entfernte sich langsam! Ich ging also vorsichtig zu den Frauen, und die gleiche Frau sagte wieder: „Du! Du, Rüben!" Ich rannte sofort zu meiner Mutter und sagte zu ihr: „Mama, die Russenfrauen (so nannten wir sie damals) haben Hunger, ich soll Rüben besorgen, gib mir bitte Geld!" Tatsächlich gab mir meine Mutter ohne zu zögern Geld, damit ich ins Gemüsegeschäft gehen konnte. Doch dann bekam ich wieder Angst, denn die Gemüseverkäuferin war früher in einem Lager eingesperrt gewesen und erst vor kurzem wieder zurückgekommen. Heute weiß ich, was für ein Lager das war. Sie sagte zu mir: „Ihr habt doch erst gestern Rüben für eure Familie gekauft." Ich dachte schon, sie gibt mir keine Rüben oder hat Angst, etwas Falsches zu tun, und holt die Polizei. Doch dann gab sie mir eine riesengroße Rübe, und ich ging damit zurück zur Grube. Die Frauen haben sich gleich darüber hergemacht, und plötzlich kam ein in der Rübe verstecktes Messer zum Vorschein. Und dann sah ich noch den Soldaten zurückkommen, der die Frauen bewachen sollte. Es war ein ganz junger Soldat, und ich hatte große Angst. Doch als er mich sah, tat er so, als habe er nichts gesehen und ging langsam weiter und entfernte sich erneut von uns.

Ich weiß nicht, wie es den russischen Frauen danach weiter ergangen ist. Ich weiß nur, dass der Soldat und ich uns beide in Gefahr begeben hatten. Und auch die Gemüseverkäuferin. Vielleicht lebt der Soldat ja noch, immerhin war er damals noch so jung. Und doch so mutig!

Das Weihnachtsgeschenk

Es war Mitte Dezember 1945. Ich war damals 15 Jahre alt. Die Weihnachtszeit nahte, und ich hatte eine Idee. Erst einmal habe ich meine Mutter gefragt, ob sie noch alten Stoff hat, denn ich hatte gelernt, kleine Puppen zu nähen, als ich in Meißen zur Kinderlandverschickung war. Das wollte ich nun umsetzen und habe mich erst mal umgehorcht, wie viele kleine Kinder es bei uns in der Straße gab. Wir wohnten damals in Elmschenhagen, und viele Häuser waren zerbombt oder stark beschädigt. Der Krieg war ja gerade erst vorbei. Meine Mutter zählte sie auf – es waren 3 Jungen und 3 Mädchen, die zwischen 2 und 6 Jahre alt waren. Ich sagte mir: Die haben genau das richtige Alter für meine Spielzeuge! Aber ohne die Hilfe meiner Mutter ging es nicht. Sie musste mich mit ihrer Nähmaschine unterstützen. Ich hätte auch alles mit der Hand nähen können, aber das hätte zu lange gedauert, da das Weihnachtsfest bereits nahte. Ich wollte den Kleinen so gern eine Freude machen. Meine Mutter und ich hatten ganz schön zu tun, denn ich wollte die Puppen bis zum Heiligabend fertig haben. Und es hat geklappt! Ich zog dann einen langen Mantel an und ging mit einer selbst gebastelten Weihnachtsmann-Maske und einem Bart aus Watte los. Keines der Kinder hat mich erkannt – sie waren ja noch so klein! Ich sehe noch jetzt die glänzenden Augen der Kinder, das war mir Dank genug.

Einige Jahre später – ich hatte selbst schon Kinder – sprach mich einmal ein junges Mädchen an und sagte zu mir: „Du, ich habe noch die Puppe, die du mir damals geschenkt hast! Meine Mama hat mir alles erzählt. Noch einmal vielen Dank dafür!“

Kleine Sünden...

Es war an einem Morgen kurz nach Kriegsende in Kiel. Ich war damals 15 Jahre alt und sollte eigentlich in der Schule sein. Aber stattdessen stand ich am Bahnhofskai (nein, nicht was ihr jetzt denkt...), und das kam so:

Ich war bereits auf dem Weg zur Schule, als ich zwei Nachbarinnen zusammen stehen und sich unterhalten sah. Die eine sagte zu der anderen: „Haben Sie schon gehört? Ein Auto soll im Hafen ins Wasser gefahren sein!“
Ich sagte mir: „Das ist doch viel interessanter als die Schule!“ und überlegte gleich, wo ich meinen Ranzen ablegen konnte. Und dann nichts wie hin – mein Ranzen hatte ein trockenes Plätzchen gefunden – und zum Hafen gelaufen! Dort angekommen, waren da bereits Schaulustige - genau wie heutzutage auch. Aber die hätten auch nichts ausrichten können; das konnten nur andere Kräfte, Taucher und Feuerwehrleute zum Beispiel. Ein Krankenwagen war auch da, und ein riesiger Kran wurde eingesetzt. Dann sah ich, wie auf dem Wasser ein kleines Schiff ankam, in dem sich 2 Matrosen befanden. Die wollten wohl helfen. Sie fuhren an die Kaimauer heran und einer der beiden stieg aus. Er kam auf mich zu und fragte mich, ob ich ihm Äpfel holen könnte. Er gab mir ein großes Geldstück. Ich weiß nicht mehr genau was für ein Geldstück, aber wir hatten damals nur sehr wenig Geld, und ich wusste, das das viel Geld war. Ich rannte sofort los und lief zur Lerchenstraße, wo immer ein Obsthändler

mit einer Karre stand. Vor mir war noch ein anderer Kunde. Als ich endlich dran war, sagte ich: „ich möchte gern eine große Tüte Äpfel!“ Der Händler sagte noch: „Das ist aber viel zu viel Geld dafür!“ Gut, der Händler füllte dann eine wirklich große Tüte mit Äpfeln und gab mir das Wechselgeld zurück. Ich rannte sofort zum Hafen zurück, als ich sah, dass ein roter VW am Haken des Krans hing und gerade aus dem Wasser gezogen wurde. Was ich aber nicht mehr sah, waren die Matrosen. Oh Schreck, das Schiff war weg!

Allmählich bekam ich ein schlechtes Gewissen: Erst habe ich die Schule geschwänzt, und nun waren auch noch die Matrosen weg, und ich stand da mit ihrer großen Tüte Äpfel und dem Wechselgeld. Was sollte ich nur meiner Mutter sagen, wo ich all das her hatte? Wie sollte ich da bloß wieder rauskommen? Hmm... Erst einmal schlug ich mir den Bauch voll Äpfel, bis mir schlecht wurde. So wurde die Tüte schon einmal etwas kleiner. Es waren aber immer noch viel zu viele Äpfel. Da erinnerte ich mich daran, dass der Hauswirt Hühner hatte. Die haben die Äpfel bekommen und sich gleich darüber hergemacht. Hoffentlich ist ihnen nicht auch schlecht geworden! Ich holte noch schnell meinen Ranzen und eilte nach Hause. Meine Mutter empfing mich mit den Worten: „Du kommst aber früh nach Hause!“ Ich antwortete ihr: „Ja Mutti, unser Lehrer ist krank, und Schulaufgaben haben wir auch nicht auf.“ Ich war froh, dass sie nicht weiter gefragt hat. Aber sie hat noch tagelang so komische Anmerkungen gemacht. Ich glaube, sie wusste genau, dass ich geschwänzt hatte.

Aber mein schlechtes Gewissen war noch lange nicht beruhigt.

Im Gegenteil: Immer wenn ich in der Stadt einen Mariner sah, dachte ich, das könnte er sein, und er meint, ich hätte ihm die Äpfel und das Geld geklaut. Hätte ich nur nicht geschwänzt, dann wäre all das nicht passiert. Sowas habe ich daher auch nie wieder gemacht. Kleine Sünden bestraft der liebe Gott halt sofort.

Der Arztbesuch

„Guten Morgen, Frau Piefke."
„Bin ich zu spät?"
„Nein nein, pünktlich wie immer."
„Kann ich schon ins Labor?"
„Nein, ein bisschen müssen Sie noch warten. Gehen Sie erstmal ins Wartezimmer".
„Ja, danke."
Ich gucke mich um und vermisse Frau Hinkel. Sonst ist sie immer schon so früh da. Und Frau Sonnenschein ist auch noch nicht... ach da kommt sie ja.
„Ich wäre bald gar nicht gekommen."
„Wieso denn nicht, Kati?"
„Ich kam gar nicht aus dem Bett raus."
„Wieso das nicht?"
„Mein Rücken tat so weh. Ich hatte schon Angst, es hätte ja auch ein Bandscheibenvorfall sein können. Ich will aber erst einmal abwarten, bis ich beim Arzt war."
„Dann können wir ja gar nicht zum Knobeln zur AWO gehen."
„Ach, wollen wir mal sehen, was der Arzt sagt."
„Und nun mal zu Euch. Wie geht es denn dir, Elisabeth Charlotte?"
„Ach, ich muss ja bloß zum Blutabnehmen."
„Und du, Annedora? Was macht denn dein Rheuma?"
„Ach, ich will nicht jammern, es gibt ja Schlimmeres."
„Oh, ich glaube wir müssen erst mal ruhig bleiben, der Mann da

guckt schon böse... Wisst ihr was? Wenn wir alle drei aus der Praxis raus sind, dann gehen wir alle zu mir, ich habe noch Plattenkuchen von Sonntag, und dann können wir uns über alles unterhalten was nicht für fremde Ohren bestimmt ist."

Und es wurde ein schöner Nachmittag, und alle hatten ihre Schmerzen mal vergessen.

„Soll ich euch nach Hause fahren?"

„Nein lass man, die frische Luft tut uns gut. Vor allem nach all dem Kuchen. Wir haben uns ja satt und rund gefuttert. Und du weißt ja, was sagt immer unser Dr. Brommel? Wer rastet, der rostet!"

„Stimmt. Wie recht er hat."

Auf dem Jahrmarkt

Ich war mit meiner Mutter auf dem Jahrmarkt. Ich habe alles genossen: Eis essen, Karussell fahren, und all die schönen Dinge. Aber meine Mutter musste bald nach Hause, und ich wollte noch ein bisschen bleiben und später nachkommen. Während ich darin vertieft war, all die bunten Buden anzuschauen, kam plötzlich ein junger Mann auf mich zu und fragte mich, ob ich ein Eis möchte. Ich sagte natürlich: „Ja." Aber das war noch nicht alles. Ich durfte Karussell fahren und alles was mein Herz begehrte, und so merkte ich gar nicht, wie die Zeit verging. Es wurde schon dunkel, als der Mann sagte, er müsse mal austreten und ich solle mit ihm kommen. Ich folgte ihm zwischen den Buden und Ständen hindurch, und hinter einer Bude stellte er sich mit dem Rücken zu mir hin, und er sagte zu mir, ich solle mich auch so hinstellen, als würde ich austreten, so wie er es tat. Heute weiß ich, was er tat. Er war so mit sich beschäftigt, und ich habe ihn nicht aus den Augen gelassen, denn dass das nicht richtig war, was er tat, wusste ich schon. Ich wartete einen passenden Moment ab und rannte weg. Er lief mir noch ein Stück hinterher, aber ich war schneller. Bis zum Schützenpark hat er mich noch verfolgt... meine Rettung war ein Ehepaar, das ich ansprach, welchen Weg es hatte. Die beiden hatten den gleichen Weg wie ich, und sie haben mich ganz bis nach Hause gebracht. Meine Mutter sagte zu mir: „Warum kommst du so spät?" Darauf hatte ich natürlich keine Antwort.

Wie schlimm es wohl ausgegangen wäre, wenn ich nicht so aufgepasst hätte und nicht weggelaufen wäre.

Warum?

Sie werden sicher sagen: Das ist ja schon so lang her, was mir in Nürnberg widerfahren ist, denn es geschah bereits 1941. Aber ich habe es lange mit mir herum getragen und nie richtig verarbeitet. Doch jetzt, wo immer mehr Menschen den Mut finden, über ganz ähnliche Erlebnisse zu berichten, möchte auch ich über meine Zeit in Nürnberg berichten.

Während des Krieges lebte ich mit meinen Eltern in Kiel. Im März 1941 – ich war damals 10 Jahre alt - bin ich wie so viele Kinder mit dem Roten Kreuz im Rahmen der so genannten „Kinderlandverschickung“ nach Nürnberg gekommen. Ich wurde bei einer Familie untergebracht, in der ein älterer Herr mit seiner erwachsenen Tochter zusammen lebte, und ich musste dort auch zur Schule gehen. Kaum war ich in der Klasse, wurde ich sehr unfreundlich von einer Nonne empfangen, die dort in fast allen Fächern unterrichtete. „Richtige“ Lehrer gab es ja kaum noch, weil die meisten im Krieg waren. Die Nonne war mir von Anfang an nicht gut gesonnen. Ich habe ihr nichts getan, sie kannte mich ja auch gar nicht. Aber ich war nicht katholisch und wollte auch nicht die entsprechenden Rituale und Verhaltensweisen annehmen und auch nicht katholisch werden. Immer wenn ich etwas nicht konnte, zum Beispiel das Beten des Rosenkranzes, das „richtige“ Bekreuzigen, das Aufsagen bestimmter Verse oder was auch immer, jedes Mal wurde ich geprügelt. Manches Mal stieß sie mir mit ihren geballten Fäusten von beiden Seiten gegen den Kopf, vor allem die Schläfen. Manchmal konnte ich noch meine Hände über den Kopf halten, doch sie schlug trotzdem zu. Und die gesamte Klasse sah zu. Niemand half mir oder erzählte etwas zu Hause. Selbst wenn ich versuchte mich unter der Schulbank zu verkriechen, zerrte sie mich an Armen und Beinen unter der Bank hervor und verprügelte mich. Es tat so weh und war so demütigend. Sie ließ ihre ganze Wut und ihre ganzen Aggressionen an mir aus. Ihre Augen waren voller Hass. Oft hat sie mich auch beschimpft, als „Saupreuß" weil ich ja aus Kiel kam, und mit vielen anderen Worten. Ich habe oft geweint und jeden Tag Angst davor gehabt, wieder von der Nonne verprügelt zu werden. Für meine Herkunft konnte ich doch nichts. Und ich konnte doch nicht einfach einen Glauben annehmen der nicht meiner war. Ich war evangelisch wie die meisten in meiner Heimat. Ich habe mich so hilflos gefühlt. So ging es von März bis November.

Dazu kommt noch, dass ich es auch bei meinen Pflegeeltern nicht leicht hatte. Zunächst hatte die Tochter sich viel um mich gekümmert, doch als sie einen Freund fand, ließ ihr Interesse für mich nach, und ich war immer öfter mit ihrem Vater allein. Vor allem ging sie jeden Sonnabend weg, und ihr Vater nutzte das aus. Ich musste mich immer nackt ausziehen und in einer großen Schüssel baden, die auf dem Tisch stand, obwohl eine große Wanne in der Wohnung war. Dann hat er mich von oben bis unten gewaschen. Man kann sich gar nicht vorstellen wie sehr ich mich geschämt habe. Ich war doch schon elf Jahre alt, konnte mich selbst waschen. Und dass das nicht richtig war, was er tat, wusste ich auch irgendwie. Auch wenn er nicht das Äußerste getan hat, so hat er mich beim Waschen doch zwangsläufig überall angefasst. Und das war so unangenehm, so beschämend für mich.

So ging es Woche für Woche. Wochentags wurde ich von der Nonne geschlagen, und wenn das Wochenende nahte, graute es mir vor dem Sonnabend, weil ich wusste, dass ich wieder gewaschen werden sollte. Eigentlich sollte ich ein Jahr lang in Nürnberg bleiben. Aber ich habe es nicht mehr ausgehalten und habe es geschafft, dass ich mit dem ersten Transport im November 1941 nach Hause konnte.

Ich habe meinen Eltern von meinen Erlebnissen mit der Nonne erst nach dem Krieg erzählt. Mein Vater fragte mich natürlich, warum ich ihm nicht schon früher davon erzählt habe. Dann hätte er mir doch helfen können. Ich wusste es selbst nicht, warum ich meinen Eltern nicht schon in Nürnberg einen Brief geschrieben habe. Heute weiß ich es: Ich habe mich geschämt. So wie viele Menschen, die misshandelt wurden, lange geschwiegen haben, weil sie sich geschämt haben, obwohl sie doch das Opfer waren! So war es mir auch gegangen.
Auch in Nürnberg habe ich mich niemandem anvertraut. An wen sollte ich mich auch wenden? Immerhin haben alle meine Klassenkameraden gesehen was mir passierte, und trotzdem hat mir niemand geholfen. Niemand ist eingeschritten oder hat etwas zu Hause erzählt. Und wenn es doch jemand erzählt haben sollte, so hat doch keiner von den Eltern etwas unternommen. Ich fühlte

mich ausgeliefert und hilflos: Wer würde der kleinen „Preußensau“, die noch nicht einmal den richtigen Glauben hatte, helfen und sich mit mir gegen eine Nonne stellen, die ja schließlich den „richtigen, heiligen“ Glauben vertrat? Ein bisschen habe ich wohl auch gedacht: wenn du etwas erzählst, holen sie die Nonne ab und dann geschieht etwas Schlimmes mit ihr. Das wollte ich auch nicht. Obwohl sie mich so sehr hasste.
Warum hat mir niemand geholfen? Warum hat keiner von meinen Mitschülern eingegriffen oder etwas gesagt? Vielleicht weil sie sich damit „eingerichtet“ haben, dass jemand anderes das Opfer ist und sie dadurch „aus der Schusslinie“ waren. Da ist Wegschauen ja so einfach. So lohnend.
Dass ich immer vor dem alten Herrn nackt in die Schüssel steigen und mich von ihm waschen lassen musste, habe ich niemals meinen Eltern erzählt. Dafür habe ich mich einfach zu sehr geschämt.

Ich bin „nur“ geprügelt und gedemütigt worden. Ich bin mir auch bewusst dass es noch viel schlimmere Schicksale gibt. Aber das was ich als gerade einmal 10jähriges Mädchen erleben und erleiden musste hat sich auch in meine Seele eingebrannt. Ich habe auch manche Träne vergossen als ich diese Zeilen geschrieben habe. Ich habe meinen Kindern beigebracht, dass sie niemals wegsehen dürfen wenn einem anderen Menschen Unrecht geschieht. Aber auch heute noch sehen zu viele Menschen weg. Das erinnert mich dann immer an früher. Vielleicht aber helfen ja Berichte wie meiner und die von vielen anderen Menschen, dass in Zukunft weniger weg geschaut wird.

Die Kellerbäckerei

Es war noch Krieg, wenngleich das Ende bereits abzusehen war. Zu Hause in Kiel waren wir schon wieder eine „richtige" kleine Familie – ich war mittlerweile von der Kinderlandverschickung zurück, und auch meine kleine Schwester, die die ganze Zeit während des Krieges bei meiner Oma gewesen war, war wieder da. Und so wollten wir ein schönes Kaffeekränzchen machen, aber woher nehmen? In unserem Wohnblock hatte niemand einen Backofen, wir konnten also weder Kuchen noch Torten backen. Eines Tages sagte unser Vater aber zu uns: „Wartet nur ab", und wir waren alle ganz neugierig, was er wohl damit meinte. Er hatte schon vor einigen Tagen immer wieder Andeutungen gemacht, und nun sollten wir mit in den Keller kommen. Meiner Schwester und mir verband er die Augen. Je näher wir dem Keller kamen, umso ängstlicher wurden wir: Was sollte wohl passieren? Wir wussten natürlich, dass es nichts Schlimmes sein konnte, aber der Keller war doch ein unheimlicher Ort. Unser Vater machte es ganz spannend, und dann nahm er uns die Augenbinden ab. Wir trauten unseren Augen nicht! Vor uns stand eine sogenannte Hexe, das ist ein Herd, den hatte Vater im Keller selbst zusammengebaut. Er schloss die Hexe an, alles war fix und fertig! Außerdem hatte er die geniale Idee, den Waschkübel in der Waschküche nebenan an das Abluftrohr mit anzuschließen, so dass mit warmem Wasser gewaschen werden konnte. Damals gab es in unserem Wohnblock kein fließendes warmes Wasser, schon gar nicht im Krieg. Um das Rohr an den Schornstein mit anschließen zu können, hatte Vater außerdem ein Loch in die Kellerwand gebohrt. Plötzlich klopfte es an der Kellertür, und Papa sagte, wir sollen leise sein. Natürlich war das alles nicht erlaubt, was er getan hatte, schon wegen der Brandgefahr, und das wusste er auch. Aber im Krieg musste man sich zu helfen wissen, vieles was für uns heute selbstverständlich ist, gab es damals nicht. Das Klopfen wurde immer lauter, und Vater öffnete schließlich die Tür. Er hatte sich schon gesagt: „Na gut. Dann muss ich wohl die Katze aus dem Sack lassen, wenn das hier gleich jemand sieht." Doch in der Tür stand unsere Mutter und hatte einen Kuchen in der Hand, der gebacken werden sollte! Wir umarmten uns alle, und der Kuchen kam in den selbstgebauten Ofen. Als der Kuchen fertig war, fielen wir alle darüber her – wir hatten schon so lange keinen Kuchen mehr gegessen. Nun haben wir das Kaffeekränzchen nachgeholt...

Aber es blieb nicht ohne Folgen, denn im ganzen Haus roch es bald nach Gebackenem. Bald wussten alle Nachbarn, dass unser Vater im Keller backte, und alle Nachbarn kamen und wollten auch Kuchen backen. Es wurden mit der Zeit so viele, dass sie sich anmelden mussten. Trotzdem durfte es natürlich keiner weiter erzählen. Und dennoch verbreitete sich das Gerücht von der „Kellerbäckerei" bald in der Straße, und irgendwann baute unser Papa die Hexe auch wieder ab, um keinen Ärger zu bekommen. Aber solange die Hexe da war, hatte er damit uns und den Nachbarn große Freude bereitet.

Der Pudding

Als ich morgens von meiner Mutter geweckt wurde, zog schon ein süßer Geruch durch unsere Wohnung. Ich bin sofort aufgestanden, denn es war mein erster Schultag. Ich fragte Mutti, ob der Pudding für mich war, und sie sagte: „Ja, aber Papa und ich bekommen doch auch ein bisschen ab, oder?" Ich antwortete: „Ja! Danke Mutti!"
„So, nun erst mal waschen, Zähne putzen nicht vergessen, und ein bisschen musst du auch essen!" Ich aß ein Stückchen Feinbrot, wenn auch mit Widerwillen; ich hatte so früh am Morgen noch keinen Hunger. Danach ging ich also zur Schule. Es war nicht weit, nur 10 Minuten zu Fuß von uns entfernt. Meine Mutter sagte noch: „Wenn du nach Hause kommst, bin ich nicht da, ich muss noch zum Zahnarzt. Ich lege den Schlüssel unter die Fußmatte." Ich antwortete: „Ja, ist gut!"

Die Schule war aus, und nun nix wie nach Haus, denn ich wusste ja: da ist der Pudding! Er stand auf der Fensterbank zum Abkühlen. Ich schloss schnell die Wohnungstür auf und konnte den Blick nicht von dem Pudding lassen. Aber dabei blieb es nicht. Ich holte mir einen kleinen Teelöffel und begann zu essen. Der Pudding schmeckte vorzüglich! Hmm, mit dem kleinen Teelöffel kann man ja nicht richtig essen, sagte ich mir, und holte mir einen größeren Löffel. Mit dem konnte ich so richtig genüsslich von dem Pudding essen. Doch irgendwann merkte ich, dass nicht mehr wirklich viel Pudding in der Schüssel war, und ich überlegte: „Was machst du jetzt?“ Ich habe gar nicht darüber nachgedacht, was meine Eltern wohl sagen würden, wenn sie sehen, dass der halbe Pudding aufgegessen war. Dann kam mir eine Idee: Ich holte drei kleine Teller und verteilte den übrig gebliebenen Pudding auf die Teller. Und schon stand meine Mutter vor mir und fragte mich, wie es in der Schule war. Ich sagte: „Gut!“ Doch dann fragte sie mich: „Liselotte, “ - so nannte sie mich nur, wenn ich (mal wieder) etwas ausgefressen hatte - „was ist denn mit dem Pudding passiert?“ Ich sagte: „Ach nichts, der Pudding war schon kalt, und ich habe ihn für uns aufgeteilt!“ Bestimmt hat meine Mutter gesehen, dass der Pudding weniger geworden war, aber sie hat nichts weiter gesagt.

Als mein Vater nach Hause gekommen war, gab es dann den Pudding als Nachtisch. Mein Vater fragte: „Wieso ist es denn so wenig Pudding?“ Ich bekam es nun doch mit der Angst zu tun, denn ich hatte ja heimlich vom Pudding genascht. Was würde meine Mutter sagen? Aber sie sah mich nur an und schwieg. Ist das nicht Mutterliebe?

Die Amerikaner

Es war kurz vor dem Kriegsende, und ich war 14 Jahre alt. Wir hatten bereits die amerikanische Besatzung, und ich hatte mit ihnen ein ganz spezielles Erlebnis:

Zu dieser Zeit leistete ich in einem Haushalt mein Pflichtjahr ab, in dem drei Kinder lebten, und ich musste für die Kinder Wasser holen. Es fehlte ja in allen Haushaltungen an fließendem Wasser, so dass ich mit einem Eimer los und Wasser vom Brunnen holen musste. Das war zwar schwer für mich, aber es ging ja nicht anders. Als ich den Eimer gefüllt hatte und auf dem Rückweg war, sah ich einen Jeep mit zwei amerikanischen Soldaten. Einer von ihnen war dunkelhäutig und einer hellhäutig. Sie fuhren ganz langsam und schauten sich ständig um. Es war ganz klar: sie suchten etwas. Und immer wenn ich stehen blieb, um den schweren Eimer kurz abzustellen, hielten die Soldaten auch an. Ich bekam es mit der Angst zu tun – immerhin hatten wir noch Krieg, und die Propaganda hatte uns all die Jahre die schlimmsten Schauergeschichten erzählt. Schließlich näherte ich mich dem Haus meiner Anstellungsfamilie und war zunächst froh, denn ich dachte, die Soldaten würden weiter fahren. Aber dem war nicht so. Vor dem Haus hielten sie ebenfalls an, und ich sah, dass sie Pistolen trugen. Und nicht nur das: Sie kamen auch noch auf das Haus zu! Ich weiß gar nicht mehr, wie schnell ich die Treppen mit dem schweren Eimer nach oben gelaufen bin; nur als ich den Eimer abstellte, war nicht mehr viel Wasser drin. Die Soldaten kamen hinter mir her, ebenfalls die Treppen hoch, und sie wollten auch noch in die Wohnung in der ich war! Ich hatte nur noch Angst und konnte kaum noch klar denken. Ich habe das Fenster aufgemacht und mich auf die Fensterbank gesetzt. Ich hatte so große Angst, dass ich aus dem ersten Stock in die Tiefe springen wollte, nur um nicht in die Hände der Soldaten zu gelangen. Zum Glück habe ich mich aber noch rechtzeitig besonnen und bin doch nicht gesprungen. Und dann habe ich erfahren, dass die Soldaten gar nichts von mir wollten, sondern einen damaligen Direktor der Deutschen Werft suchten, der auch in unserem Haus wohnte. Sie wollten ihn lediglich abholen, da er einen Termin in der amerikanischen Kommandantur hatte. Mich haben die Soldaten sogar noch ganz freundlich gegrüßt, als sie das Haus mit dem Direktor verließen. Ich war ganz verlegen, denn ich hätte ja gar keine Angst haben müssen. Aber das wusste ich erst hinterher.

Die Feuerwehr im Haus

Es war kurz vor Weihnachten, und wie so oft ging kurz vor dem Fest mal wieder etwas kaputt. Doch es war nicht die Kaffeemaschine oder etwas anderes Kleines. Nein, es war ausgerechnet der Ölofen. Wo sollten wir so schnell einen neuen Ölofen her bekommen? Das Weihnachtsgeld war schon verplant oder ausgegeben, und die Kinder sollten keinesfalls auf ihre Geschenke verzichten. Aber es war schon kalt, und ohne Ofen würden wir alle frieren. Doch das bekam eine liebe Nachbarin mit und bot uns spontan ihren alten Ölofen an. Sie sagte, sie bräuchten ihn nicht mehr, und wir könnten ihn haben. Wir bekämen ihn auch umsonst. Etwas Schöneres konnte uns gar nicht passieren! Zwar war der Ofen nicht ganz in Ordnung, wie uns unsere Nachbarin sagte, aber es sei nur eine Kleinigkeit.

Schnell war der Ofen angeschlossen, aber er musste ja noch repariert werden. Mein Sohn – damals vierzehn Jahre alt – sagte zu mir: „Mama, es ist ganz leicht, den Ofen zu reparieren. Ich mache das!" Ich fragte ihn: „Kannst du das denn wirklich?". „Ja klar! Ich will es auf jeden Fall versuchen! Wenn Papa heute Abend von der Arbeit nach Hause kommt, ist die Stube schön warm!"
Er holte das Werkzeug aus dem Keller und machte sich an die Arbeit. Kurze Zeit später rief er: „Mama, alles ist in Ordnung!". „Das ist ja prima!", entgegnete ich. Ich holte sofort Öl aus dem Keller und goss voller Freude die ganzen zehn Liter Öl, die wir

hatten, in den Ofen, und es wurde ganz schnell herrlich warm. Aber ich hatte mich zu früh gefreut... das Öl lief so schnell nach, dass es gar nicht so schnell verbrennen konnte wie es in die Brennkammer lief. Es dauerte nicht lange, da war schon das ganze Ofenrohr rot geworden, und die Gläser im Schrank fingen an zu vibrieren und die Fensterscheiben auch. Die Stube war schon voller Rauch, alles roch nach Öl! Ganz kopflos geworden, hatte ich Eimer mit Sand und sämtliche großen Schalen mit Wasser gefüllt. Aber ich wusste, dass ich den Ofen allein nicht unter Kontrolle bringen konnte, und so habe ich doch noch die Feuerwehr gerufen. Gott sei dank, kann ich nur sagen. Die Feuerwehr war kurze Zeit später da, mit zwei großen Löschzügen. Zwei Feuerwehrleute kamen mit Schutzanzügen und Atemmasken ins Haus und sagten zu mir: „Liebe Frau, das war aber höchste Zeit uns anzurufen! Aber nun sind wir ja da.“ Als sie die Eimer und die Schalen mit Sand und Wasser sahen, sagte der eine Feuerwehrmann zu mir: „Damit hätten Sie nichts ausrichten können! Nun ja, es ist ja noch einmal gut gegangen!“ Die Feuerwehrleute konnten mit ihren hitzefesten Handschuhen an den Ofen gelangen und unterbrachen die Ölzufuhr. Sie trafen noch einige Vorkehrungen, und die Feuerwehr blieb noch eine Stunde da, um den Brandherd zu kontrollieren.

Das war knapp. Den Ölofen wollten wir nie mehr benutzen. Ein schöner neuer Kachelofen nahm seinen Platz ein – auch wenn es uns nicht leicht fiel, ihn zu bezahlen. Aber wenn wir unser Haus verloren hätten, wäre das noch viel schlimmer gewesen. An der Sicherheit sollte man nie sparen.

Der Paternoster

Wir, das sind meine Eltern und ich – wir schreiben das Jahr 1935 und ich war gerade einmal 5 Jahre alt – kamen aus Nortorf, wo wir bei meinen Großeltern wohnten.
Mein Vater arbeitete bei seinem Vater in dessen Schmiede als Schmiedemeister, aber die Schmiede konnte nicht zwei Familien ernähren. Deshalb hatte mein Vater sich Arbeit in Kiel besorgt und kam jedes Wochenende nach Hause. Doch das war auf Dauer auch nicht gut für eine junge Familie. Mein Vater suchte für uns daher eine kleine Wohnung in Kiel, und er fand auch eine, doch sie war noch nicht fertig und wir mussten uns noch ein bisschen gedulden. Bald war es auch soweit, aber ich durfte nicht beim Umzug helfen, da ich noch zu klein war. Ich kam zu meiner Oma und musste so lange da bleiben bis in Kiel alles fertig war. Meine Oma hat mir später erzählt, ich hätte ständig gefragt, wann meine Eltern mich denn endlich holen würden.

Aber das ist es gar nicht, worüber ich schreiben wollte. Nein, es geht darum, dass im Rathaus in Kiel ein Paternoster war. Meine Mutter musste oft ins Rathaus zum Wohnungsamt, und ich kam natürlich mit. Ich war ganz angetan von diesem Ding, das immer rauf und runter lief. Ich habe immer überlegt, wie das wohl funktioniert. Der Paternoster hält ja nicht an wie ein normaler Fahrstuhl, sondern er läuft immer weiter, und man muss schnell aussteigen, wenn man in der richtigen Etage angekommen ist. Was aber passiert, wenn der Paternoster ganz oben oder ganz unten angekommen ist? Diese Frage ging mir nicht mehr aus dem Kopf.

Jahre später kam ich einmal zufällig ins Rathaus und ich stand wieder vor dem Paternoster. Wieder stellte ich mir die gleiche Frage wie früher, und nun wollte ich es endlich wissen. „Jetzt oder nie!“, dachte ich mir und stieg in den Fahrstuhl. Ein paar Mal bin ich noch ausgestiegen, weil ich mich nicht getraut hatte, bis zum Ende zu fahren. Aber dann war mein Wissensdrang so stark, dass ich nach oben fuhr und auch nach dem letzten Ausstieg im Paternoster blieb. Wie mochte es nun wohl weitergehen? Ich hielt mich am Haltegriff fest, als kein Ausstieg mehr kam. Oh Gott, dachte ich, vielleicht steht die Kabine gleich Kopf, oder was auch immer vor sich gehen würde… Ich hielt mich also immer stärker fest, aber es passierte … nichts! Oben angekommen, lief der Paternoster über Rollen an einem schwarzen Loch vorbei, und schon ging es abwärts, von Etage zu Etage. Es war nur ein kurzer Augenblick, und meine Frage war beantwortet. Hätte ich es doch gleich ausprobiert! Aber damals, als ich den Paternoster zum ersten Mal sah, war ich ja noch zu klein. Jedenfalls war es für mich eine Mutprobe, und ich war nicht feige. ☺

Die Geburtstags- “Überraschung“

Meine Kinder und Enkelkinder haben mit mir zusammen meinen Geburtstag gefeiert. Wir hatten ein wunderbares Mittagessen: es gab Kaninchenbraten mit allem was dazu gehört. Wir waren alle wie genudelt. Meine Tochter sagte dann zu mir: „Wir bleiben noch zum Kaffee, denn wir wollen uns ja nicht deine leckere Torte und den Apfelkuchen entgehen lassen. Aber bitte kein Abendbrot mehr, sonst platzen wir alle noch!“ Ich antwortete: „Na gut. Dann mache ich mir nachher einen ruhigen Abend und lege die Füße hoch, und ihr bekommt alle etwas zu Essen mit!“
Als es soweit war und ich abwaschen wollte, sagten meine Kinder: „Mutti, wir helfen dir beim Abwaschen.“ Ich sagte: „Nein, geht ihr alle nach Hause. Ich hoffe, es hat Euch allen gefallen!“
Ich machte mich also gemütlich über den Abwasch her, doch mit „Füße hochlegen“ wurde es nichts. Schon beim Abwaschen hatte ich so einen komischen Geruch in der Nase, aber ich dachte zuerst, das sei von meinem Besuch, denn einige in meiner Familie sind Raucher. Aber der Geruch wurde immer stärker. Ich bin durchs ganze Haus gegangen, konnte die Ursache aber nicht finden. Ich dachte nur: „Nicht noch einmal die Feuerwehr, so wie damals bei der Sache mit dem Ölofen!“
Ich habe noch zu Ende abgewaschen, und der Geruch wurde immer schlimmer. Ich wurde immer unruhiger und habe schon mehrere Eimer mit Wasser gefüllt. „Mit mir nicht!“, habe ich mir gesagt. Die Luft in der Küche war schon unerträglich geworden.

Ich ging noch einmal durchs ganze Haus, doch in der oberen Etage und im Keller war der Geruch schwächer. Die Ursache musste also in der Küche liegen. Gerade als ich vom Keller hochkam und die Tür zur Küche aufmachte – ich hatte schon so einen Gedanken, dass gleich etwas passieren würde – schoss eine Stichflamme von der Heizung bis zur Decke hoch! Die Gardine fing gleich Feuer, und ich war meine eigene Feuerwehr! Ich nahm die Eimer Wasser, die ich bereitgestellt hatte, und goss das Wasser über die Flamme. Ich brauchte etliche Eimer und Schalen mit Wasser, um das Feuer zu löschen. Der Küchenboden hatte sich in einen kleinen See verwandelt, und das Wasser lief schon die Kellertreppe runter. Aber ich habe das Feuer noch rechtzeitig aus bekommen, bevor es auf andere Möbel übergreifen konnte. Die Gardinen sind natürlich verbrannt, und Ruß hatte sich an der Wand und der Decke abgesetzt, wo das Feuer war. Und dann sah ich ein Geschirrtuch - es hing über der Heizung und war ganz verkohlt, besonders an einer Seite. Das Geschirrtuch muss beim Kochen irgendwie zu nah an die Herdflamme gekommen sein, und die Heizung mit ihrer Wärme hat wohl den Rest besorgt. Es war mir auch ganz gleich, ob ich selbst oder ein anderer dafür verantwortlich war. Ich war nur froh, dass es noch einmal gut gegangen war. Aber von wegen „Füße hochlegen und ausruhen", daraus wurde nichts. Statt dessen musste ich erst einmal alles aufwischen. Und die ganze Nacht lang bin ich immer wieder aufgewacht und hatte das Feuer vor Augen. Solch eine Geburtstags-„Überraschung" möchte ich nie wieder erleben.

Im ehemaligen Gefängnis

Ich war eben in der Schule angekommen, da sagte der Lehrer zu mir: „Du kommst bitte nachher mal zu mir.“ Ich überlegte erst einmal, was er wohl von mir wollte. Die ganze Zeit danach sagte er nichts zu mir, und ich kam immer mehr ins Grübeln. Aber ich sollte es bald zu wissen bekommen. Kurz bevor wir Schulschluss hatten, bat der Lehrer mich, ins Lehrerzimmer zu kommen. Ich war schon ganz gespannt: Hatte ich etwa schon wieder etwas ausgefressen? Doch dem war – ausnahmsweise - nicht so. Der Lehrer sagte zu mir: „Liselotte, du weißt doch, wo Roberta wohnt, oder? Ich sehe dich sehr oft mit ihr. Sie ist schon eine Woche unentschuldigt nicht zum Unterricht erschienen. Weißt du warum? Ich möchte dich bitten: Geh mal hin zu ihr und frage sie, was bei ihr los ist. Ich wäre auch selbst gegangen, aber ich habe im Moment so viel zu tun und keine Zeit dafür.“

Ich versprach, mich bei Roberta zu erkundigen, und ich machte mich gleich nach der Schule auf den Weg. Es war nicht weit, und als ich bei Roberta im Hof ankam, spielten dort mehrere kleine Kinder. Kaum sahen sie mich, war ich umringt von einer Kinderschar. Sie fragten mich, ob ich etwas zu essen habe. Ich antwortete: „Nein, mein Pausenbrot habe ich schon auf. Aber wartet mal, ich habe Salmis in der Tasche, die gebe ich euch. Aber vorher müsst ihr mir sagen, in welcher Etage Roberta wohnt.“ Ich wusste, dass sie dort wohnte, aber sie wollte nie, dass ich mit zu ihr zu Besuch komme. Die Kinder schrien alle durcheinander, alle wollten mir etwas sagen. Ich sagte zu den Kindern: „So, nun mal leise, und eine von euch sagt es mir jetzt.“ Da sagte ein kleines Mädchen zu mir mit piepsiger Stimme: „Wir wohnen in der dritten Etage. Roberta ist doch unsere Schwester!“ Ich fragte: „Ihr alle seid ihre Schwestern?“ – „Ja!“ riefen die Kinder. Ich sagte: „Danke!“ zu ihnen, und bevor ich zu Roberta ging, gab ich den Kindern die versprochenen Salmis. Es war nur eine kleine Tüte, aber jedes Mädchen bekam ein paar Salmis. Die restlichen legte ich in Form eines Sterns auf meine Hand und fing an daran zu lecken. Als die Kinder das sahen, wollten sie es mir nachmachen. Ich war froh, dass sie damit erst einmal beschäftigt waren, und ich konnte in Ruhe zu Roberta gehen.

Auf meinem Weg in die dritte Etage kam sie mir bereits entgegen. Sie hatte mich schon gesehen und fing bitterlich an zu weinen. Ich fragte: „Roberta, was hast du denn?“ Sie antwortete: „Ach weißt du, unsere Mama ist krank, und da Papa schon vor langer Zeit abgehauen ist, muss ich auf meine Geschwister aufpassen.“ Ich merkte, wie sehr Roberta sich schämte. Und jetzt wusste ich auch, warum sie mich nie mit nach Hause genommen hatte. Sie wohnte mit ihrer Mutter und ihren Geschwistern im ehemaligen Gefängnis. Die Wohnungen dort wurden an bedürftige Familien vergeben und waren nach Personenzahl aufgeteilt. Robertas Wohnung bestand aus 3 Zellen, zwischen denen die Wände durchgebrochen waren. In jeder Etage gab es nur ein Bad für alle Bewohner und eine Gemeinschaftsküche. Es waren wirklich schlimme Wohnverhältnisse. Ich fragte Roberta, wann sie wieder zur Schule kommen würde. Sie antwortete: „Erst einmal muss Mama wieder gesund werden. Schließlich bekommt sie bald noch ein Baby.“ Ich fragte Roberta: „Wie viele Geschwister hast du denn eigentlich?" – „Fünf, bald sechs", antwortete sie mir. „Aber wir freuen uns alle schon sehr auf das Baby."

Als Roberta das sagte, tat sie so, als wenn sie fröhlich war. Aber das war sie nicht. Es war ihr anzumerken, dass sie diesen Weg, den ihre Eltern ihr vorlebten, nicht auch gehen wollte. Sie war eine gute Schülerin und immer sehr fleißig in der Schule. Darum hat sich der Lehrer ja auch Sorgen gemacht, als Roberta eine Woche lang nicht in der Schule war. Und ihr mögt es glauben oder nicht: Roberta ist später selbst Lehrerin geworden! Sie ist in so ärmlichen Verhältnissen groß geworden und hat es ganz allein geschafft, diesen Verhältnissen zu entkommen.

Der Sonntagsbesuch

Tochter: Guten Tag Mutter. Ich wünsche dir einen schönen Sonntag.

Mutter: Ach Marie-Luise, der Sonntag ist schon bald vorbei. Du kommst aber spät.

Tochter: Ja, aber wir machen uns ein paar schöne Stunden.

Mutter: Du willst bestimmt wieder wissen, was wir die ganze Woche gegessen haben. Wenn du möchtest, erzähle ich es dir.

Tochter: Ja. Erzähl.

Mutter: Zum Beispiel Montag. Da gab es das vom Sonntag - ach ja, was war es denn - ja, es gab Hähnchenschnitzel mit Kartoffelbrei und Erdbeergrütze mit Milch. Die Milch habe ich mit dem Strohhalm getrunken.

Tochter: Du meinst wohl „geschlürft"!

Mutter: Ja, aber die Milch ist alle geworden.

Tochter: Und was gab es am Dienstag?

Mutter: Ach am Dienstag - ja das weiß ich genau! Da war Onkel Emil da, daher weiß ich es noch so genau. Es gab selbst gebackenen Kuchen. Willst du noch ein Stück haben, Marie-Luise?

Tochter: Nun klingel nicht erst nach der Schwester!

Mutter: Nein, brauch' ich auch nicht. Ich habe es fein eingepackt; ich muss bloß mal überlegen wo ... Ich weiß schon! Guck mal zwischen die Wäsche, Marie-Luise.

Tochter: Ach Mutter, lass schon gut sein. Ich will nachher noch mit Fritz Kaffee trinken.

Mutter: Ach so. Vielleicht möchte dein Fritz ja ein Stück haben.

Tochter: Nein, Mutter. Und was gab es am Mittwoch?

Mutter: Am Mittwoch – ach, am Mittwoch gab es Erbsenpüree. Ich musste die ganze Nacht nach der Schwester klingeln; die Erbsen wollten immer raus, du weißt schon wo...

Tochter: Ja ja, ist schon gut. Und am Donnerstag, liebe Mama, was gab es da?

Mutter: Ach ja, ach ja, warte, die Gedanken gehen immer so schnell weg ... aber ich hab' Glück, ja es fällt mir ein: es gab Frikadellen mit Buttermais. Du weißt, die Körner, die früher immer unsere Tauben bekommen haben.

Tochter: Ja Mutter, das essen die Kinder, deine Enkel, auch sehr gern.

Mutter: Wenn sie denn mal da sind. Wie geht es denen überhaupt?

Tochter: Du weißt, die haben ja auch kaum Zeit. Christin ist als Au-pair-Mädchen in Amerika, sie kommt im nächsten Jahr zurück. Und Philipp studiert in Emden, der will als Moderator zum Fernsehen.

Mutter: Ach das ist ja schön. Vielleicht sehe ich ihn dann ja einmal - im Fernsehen. Darauf freue ich mich schon heute.

Tochter: Ach Mutter, wer weiß schon, wann das soweit ist. Nun lieber zu dir, was gab es denn am Freitag?

Mutter: Freitag gab es Fisch. Butt, ganz und gar abgepult, keine Gräten drin, mit Senfsoße und Kartoffeln.

Tochter: Aha.

Mutter: Wenn es Fisch gibt, muss ich immer an früher denken, wenn der Fischmann kam.

Tochter: Ja ja, ich weiß, dann roch die ganze Bude nach Fisch. Na, liebes Muttchen, und am Sonnabend, was gab es da?

Mutter: Da gab es ... mir fällt es im Moment nicht ein ... ach warte, fahre mich mal zu meinem Schrank.

Tochter: Was willst du denn da? Willst du mir etwa dein Sparbuch geben?

Mutter: Nein nein, ich suche nur mein Kleid. Ach ja, da ist es ja. Nun kann ich dir auch sagen, was es gab: Milchreis mit Zimt und Zucker.

Tochter: Wieso musste ich dich dafür erst zum Schrank fahren?!

Mutter: Da, sieh mal, da sind Flecken im Kleid, vom Zimt. Da fällt es mir wieder ein.

Tochter: So Mutter, ich muss jetzt aber los. Ich will noch mit Fritz Kaffee trinken.

Mutter: Ja dann geh nur.

Tochter: Bis zum nächsten Mal, wie immer.

Mutter: Ja, ich weiß. Wie immer.

Naschkatze

Wenn das Weihnachtsfest nicht mehr weit war, habe ich mich schon immer so gefreut, denn wir fuhren zu der geliebten Oma aufs Land. Wir, das waren Vati, Mutti und ich. Wir fuhren immer am Heiligen Abend, und vorher wurde ich noch schön gewaschen. Davor graute es mich schon, denn es geschah jedes Mal dasselbe. Ich fragte meine Mutter: „Welche Strümpfe muss ich denn anziehen?“ Sie antwortete: „Du weißt doch, die schönen selbst gestrickten Strümpfe aus Schafwolle von Oma.“ „Nee, nicht!“ „Doch, doch...“ Also musste ich doch wieder die Schafwollstrümpfe anziehen. Ich war gewaschen und meine Mutter hatte mich schön abgetrocknet, aber so richtig trocken war der Körper auch noch nicht. Jeder kennt das ja nach dem Baden oder Waschen. Daher kribbelten die Strümpfe noch mehr als sie es ohnehin schon taten! Ich zog die Strümpfe immer rauf und runter... sobald sie etwas warm waren, konnte man es etwas besser aushalten. Aber angenehm war es immer noch nicht... doch die Vorfreude auf die schöne Fahrt mit dem Zug zu meiner Oma war größer als das Kribbeln!

Kaum angekommen, ging immer die Begrüßung los. Aber ich war nicht dabei, denn ich hatte etwas Besseres vor: Ich ging in die Speisekammer, denn ich wusste, dass dort die leckeren eingemachten Senfgurken standen. Ich mir also schnell eine Gabel geholt und ganz genüsslich in den Krug rein und etliche Stücke Gurke aufgegessen... bis ich hörte, dass ich schon gerufen wurde. Ich wischte mir schnell den Mund ab und sagte brav: „Guten

Tag." Dieses Ritual ereignete sich jedes Jahr so... nur einmal, da kam es anders. Ja, die Begrüßung fand wie immer statt, und ich war auch wieder in der Speisekammer und wollte genüsslich Gurken naschen. Aber nicht Gurken, sondern Fässer mit Roter Bete standen da, wo sonst die Gurken standen. Nun gut, Rote Bete mochte ich ja auch... und was dann passierte, kann sich bestimmt jeder ausmalen: Ich hatte meinen ganzen Mantel und den weißen Kragen voller Rote-Bete-Saft. Als meine Mutter mich sah, war sie erst ganz erschrocken und fragte: „Kind, du blutest ja! Was ist passiert?" Doch dann merkte sie schnell, wovon meine Kleidung so rot geworden war... und war richtig sauer. Aber glücklicherweise hatte ich ja Zeug zum Wechseln bei meiner Oma, und so konnte der Heilige Abend doch noch kommen... natürlich mit kribbelnden Schafwollstrümpfen. ☺

Das kleine Schwesterchen

Wenn wir nachmittags fertig waren - meine Mutter mit der Hausarbeit, ich mit den Schulaufgaben -, dann gingen wir oft zur Moorteichwiese, und ich nahm meinen Puppenwagen mit. Mutti nahm sich Handarbeit mit, und sie traf sich immer mit einigen Frauen. Plötzlich kam uns Frau Pieper mit einem Kinderwagen entgegen, und die Frauen fingen alle an zu tuscheln. Frau Pieper sagte: „Da staunt ihr wohl! Aber es ist ja auch schon über einen Monat her, als wir uns das letzte Mal gesehen haben. Meine kleine süße Franziska ist vor 14 Tagen geboren worden.“ „Nun machen Sie es doch nicht so spannend und zeigen uns mal Ihr kleines Püppchen!“ Im Nu war der Kinderwagen umringt von den Frauen, und sie sagten: „Ach, ist die Kleine niedlich!“ Eine andere fragte, wem sie denn nun ähnlich sehe. „Ich glaube, sie geht ganz nach mir“, sagte Frau Pieper. Die Frauen fingen an, ihr gute Ratschläge zu geben, bis Frau Pieper sagte: „Ich habe doch schon einen kleinen Jungen, er ist zur Zeit bei meinen Eltern in Bayern und heißt so ähnlich wie seine kleine Schwester: er heißt Franz. Er kommt auch bald zurück, denn er möchte sein kleines süßes Schwesterchen sehen.“

Nun ja, der Nachmittag ging schnell vorüber, und wir mussten auch nach Hause. Papa kam bald von der Arbeit, und es sollte dann auch Abendbrot geben. Meine Mutter hat gleich von der Kleinen von Frau Pieper erzählt, und sie sagte: „So niedlich ist sie gar nicht! Nein, sie ist überhaupt nicht niedlich!“. Das sollte ich eigentlich gar nicht hören... und als wir wieder auf Frau Pie-

per mit ihrer Kleinen trafen, brannte ich darauf, es los zu werden, was ich gehört hatte, und prompt sagte ich – mit verschmitztem Unterton - zu meiner Mutter: „Mama, die Kleine ist doch sooo niedlich, oder?“ Meiner Mutter stieg das Blut zu Kopfe, aber es ist noch einmal gut gegangen, Frau Pieper hat nichts gemerkt. Mutti sagte zu mir: „Du weißt ganz genau, dass die Kleine nicht niedlich ist! Du sagst das nicht noch einmal!“
Als wir und das nächste Mal trafen, war der größere Bruder Franz dabei und kam uns freudig entgegen, und er war sehr glücklich und sagte: „Habe ich nicht ein süßes Schwesterchen?“ Mama schaute mich ganz streng an, und ich sagte: „Jaaa, das hast du...“

Der Sonntagsausflug

„Hoffentlich ist die Woche bald um!“, dachte ich mir, denn meine Eltern hatten mir versprochen, wenn das Wetter mitspielt, fahren wir am Sonntag mit dem Dampfer nach Laboe. Endlich war der Sonntag da, doch das Wetter war zuerst gar nicht so schön. In der Nacht hatte es noch geregnet. Ich fragte meine Eltern: „Fahren wir denn heute noch?“ - „Ja, aber nur, wenn das Wetter noch umschlägt“, bekam ich zur Antwort. Ich guckte immer aus dem Fenster, und die Sonne zeigte sich ein bisschen. Ich fragte: „Fahren wir denn auch, wenn das Wetter heute nicht ganz so schön ist?“ - „Nein, das werden wir wohl nicht, denn du willst doch auch sicher baden!“ - „Nein, das Wetter macht mir nix!“ - „Nun hör endlich auf zu pranseln! Du wirst schon merken, wenn es los geht.“

Wir waren inzwischen schon beim Mittagessen, und ich hatte gar keine Ruh. Mein Vater sagte schon: „Nun guck lieber auf deinen Teller und nicht immer aus dem Fenster!“ - „Tu' ich ja gar nicht!“ - „Nun spiel noch ein bisschen mit Deiner Puppe.“ - „Ach, die soll schlafen!“

Inzwischen war ich selbst ein bisschen eingeschlafen, und plötzlich merkte ich, dass in der Wohnung Aufruhr herrschte. Ich fragte gleich: „Geht es nun los?“ Das Wetter hatte sich wohl geändert. „Ja, sieh zu dass du dich anziehst, wir wollen den Dampfer ja nicht verpassen.“ Wir wollten von der Brücke am Bahnhof fahren, aber wir waren ein bisschen zu langsam gegangen. Wir sahen nur noch das Heck des Schiffes. „Na“, sagten meine Eltern, „es ist ja noch früh. Wir gehen jetzt zur Seegartenbrücke, dann bekommen wir bestimmt den nächsten Dampfer." - „Ach, soo weit laufen!" - „Ja, du kannst wählen: entweder zu Fuß oder wir gehen wieder nach Hause." - „Na gut, dann laufen wir eben." Am Seegarten angekommen, sahen wir viele Leute auf der Brücke stehen. Ich sagte: „Ob die auch alle das Schiff verpasst haben?"... Ich wusste, jetzt ging es los. Alle Leute kamen mit. Die Fahrt dauerte eine gute Stunde, da das Schiff noch weitere Orte anfuhr. Schließlich fuhren wir auf Falkenstein zu, und das Ehrenmal von Laboe war bereits zu sehen. Nun dauerte es nicht mehr lange, und wir waren da. Es waren schon etliche Badegäste am Strand. Meine Eltern fragten: „Willst du jetzt baden gehen oder erst zum Ehrenmal?" - „Baden kann ich auch hinterher." Also ging es erst zum Ehrenmal, und ich weiß nicht wie viele Stufen es waren, aber oben angekommen waren schon etliche Leute dort. Es war ein wunderbarer Ausblick, aber ich konnte nur wenig sehen, denn so groß war ich noch nicht. Ich konnte kaum über die Plattform gucken. Mein Vater sagte: „Komm mal her", und schwuppdiwupp war ich auf seinem Arm. Er stellte mich auf die Plattform, und ich konnte alles sehen. All die Schiffe und Orte. Angst hatte ich keine, denn mein Vater hielt mich ja fest. Nach einiger Zeit fragte ich: „Wann kann ich denn nun baden?" Wir gingen wieder runter, das war nicht so schlimm wie das Raufsteigen. Meine Eltern wollten in der Zeit, wo ich baden war, Kaffee trinken. „Willst du nicht mit?", fragten sie. Ich zog aber das Baden vor. Und bevor wir nach Hause fuhren, bekam ich von meinen Eltern noch ein großes Eis!

Es war ein schöner Nachmittag. Und die Sonne hatte dazu beigetragen, dass es überhaupt so ein schöner Sonntag wurde. An diesen Nachmittag habe ich noch oft gedacht.

Die arme Kuh

Wir waren gerade nach Hause gekommen. Es war Fliegeralarm gewesen und wir hatten stundenlang im Bunker gesessen. Wir waren ziemlich kaputt und wollten uns ein wenig ausruhen, aber es läutete Sturm an unserer Klingel. Ich wollte die Tür erst nicht öffnen, aber ich sah durch unseren Spion, dass es der Sohn unseres Nachbarn war. Er sagte nur kurz zu mir: „Willst du mit nach ‚Dreikronen'? Du weißt doch, da wo die Flak steht, dort soll eine Kuh verschüttet worden sein, in einem Bombenkrater. Du weißt doch, rundum stehen Häuser und die Leute haben wohl gemerkt, dass eine Kuh fehlt."

Ich ging also mit dem Nachbarsjungen hin, und es war dort schon ein Menschenauflauf, denn jeder erhoffte sich, ein gutes Stück Fleisch zu bekommen, am besten für einen leckeren Braten. Was wohl passieren würde?

Als wir dort ankamen, waren bereits einige Männer damit beschäftigt, die Kuh frei zu schaufeln. Da viele mit halfen, war die Kuh sehr schnell freigelegt. Sie lebte noch und rang nach Luft, aber sie bewegte sich nicht mehr. Und nun kam das, was das Schrecklichste für mich war: die Kuh wurde geschlachtet. Immerhin war es ein Schlachtermeister, der das tat, aber so mancher verkraftete den Anblick nicht und taumelte oder brach zusammen. Ich habe nur noch weg geguckt. Es interessierte auch niemanden, ob jemand zusammen gebrochen war, denn alle wollten nur noch wissen, wie es mit der Kuh weiterging. Die Kuh wurde nun auseinander geschnitten, und Fleischstücke wurden

verteilt, indem sie in die Menge geworfen wurden. Doch immer wenn ich meine Hände hoch hielt, war schon eine größere Hand vor mir und schnappte mir das Fleisch weg. So ging es die ganze Zeit. Ganz zum Schluss, nach mehreren Stunden des Wartens, war von der Kuh nicht mehr viel übrig, und die meisten Leute waren wieder weg. Ich bekam noch ein paar Knochen ab, aber die waren so blutig, dass ich beim Anblick der Knochen ein ganz komisches Gefühl bekam. Ich kann es gar nicht beschreiben.
Zu Hause angekommen, habe ich meiner Mutter alles erzählt und ihr die Knochen gegeben. Aber sie sagte zu mir: „Du weißt doch, dass ich diese Knochen ganz bestimmt nicht kochen werde!“ Und dann sagte sie: „Weißt du was wir machen? Wir vergraben die Knochen der Kuh in unserem Garten. So hat wenigstens ein Teil ihres geschundenen Körpers noch seinen Frieden.“ Meine Mutter hat bestimmt gemerkt, wie leid mir die arme Kuh tat.

Erntehelfer gesucht!

Erbsen, Bohnen und Wurzeln… alle diese leckeren Gemüse habe ich zusammen mit vielen anderen Mitstreitern auf Gut Depenau geerntet, und das kam so:

Es war kurz nach dem Krieg, und nur wenige Leute hatten Arbeit. Und wer keine Arbeit hatte, hatte auch kaum Aussicht, welche zu finden. Das Geld war knapp und reichte oft kaum für das tägliche Brot. Da war den Menschen jedes Zubrot willkommen.
Eines Tages wurde in der Zeitung bekannt gegeben, dass Erntehelfer gesucht wurden. Wer es machen möchte, konnte sich melden. Und tatsächlich hatten sich etliche Leute gemeldet, und wir bekamen Bescheid, wo wir uns melden sollten. Die Fahrt sollte vom Andreas-Hofer-Platz losgehen, und dort standen bereits zwei Trecker und dahinter zwei große Leiterwagen. Wer am schnellsten auf einem der Leiterwagen war, kam mit. Ich natürlich auch; ich war noch jung und eine der Ersten auf dem Wagen. Im Nu waren die Wagen voll, und einige hatten das Nachsehen, die nicht flink genug waren. Nun ging es los, und wir waren auch schnell da. Kurz vor Preetz fuhren wir durch einen Wald, und ich dachte noch: In welcher Walachei sind wir denn jetzt gelandet? Es war sehr dunkel… doch plötzlich, nur ein Stückchen des Weges weiter gefahren, kam eine Lichtung, und die liebe Sonne zeigte ihr strahlendes Gesicht. Und da war auch die Koppel, auf der wir arbeiten sollten. Es kam ein Vorarbeiter

auf uns zu und teilte uns ein, wer in welcher Ecke anfangen sollte. Die Koppel war riesengroß. Wir bekamen jeder einen Korb, und den hatte man auch schnell voll. Dann wurde einem der Korb abgenommen und man bekam einen neuen. Der volle Korb wurde gewogen, denn nach dem Gewicht richtete sich der Lohn. Wer schneller arbeitete und viel erntete, bekam somit auch mehr Geld.

Allmählich sehnten wir uns nach dem Feierabend, und schließlich läutete die Glocke. Für diesen Tag war erst einmal Schluss. Die Knochen taten ganz schön weh. Jetzt kam man nicht mehr so schnell auf den Wagen rauf wie noch heute früh! Einige wollten am nächsten Tag auch nicht mehr mit; die meisten von ihnen waren schon älter. Damit hatte am nächsten Tag ein anderer Helfer einen Platz auf dem Wagen, und wieder ging es los über holprige Straßen und sandige Wege. Aber es hat immer wieder Spaß gemacht, und die Geldbörse war auch nicht mehr ganz so leer!

Der 80. Geburtstag

Schon ein Jahr zuvor hatte ich mich bemüht, dass passende Lokal zu finden. Denn wir sind eine ziemlich große Familie, so dass der Saal groß genug sein musste. Ich rechnete damit, dass wir mehr als vierzig Personen sein würden.
Mit dem Café re-natur in Stolpe wurde ich fündig, und drei Monate vor meinem Geburtstag habe ich die Einladungskarten verschickt. Die meisten Gäste haben auch gleich zugesagt, dass sie kommen würden. Einige sind leider krank geworden, aber am Ende stand fest, dass wir immerhin noch 32 Personen sein würden. Nun konnte ich mit den Wirtsleuten alles besprechen, und es dauerte nicht mehr lange, bis der Tag da war.
Als es soweit war, war ich doch ganz schön aufgeregt! Mein Bekannter und ich waren bereits eine Stunde früher da, und es war schon alles gedeckt. Die Wirtsleute haben alle Tische mit wunderschönem Blumenschmuck versehen, und wir haben bei jedem Gedeck ein „Mon Chéri“ oder – für die Kleinen – ein „Duplo“ hingelegt. Bald kamen auch meine Gäste. Alle waren pünktlich, und das, obwohl eine Enkelin mit ihrem Freund in Hamburg und einer meiner Enkel mit seiner Frau und den Kindern in Emden wohnt. Die Emdener waren bei ihrer Ankunft erst einmal ziemlich geschafft, aber ihre Kinder waren putzmunter, denn die haben die Fahrt im Auto genutzt und stundenlang geschlafen.
Die Feier konnte beginnen, und es gab leckere Torten. Schwarzwälder Kirschtorte, Nuss- und Quarktorte - ich will gar nicht alles aufzählen. Meine beiden Jungs haben auch zwei leckere Ku-

chen gebacken: einen Pflaumenkuchen und einen Plattenkuchen. Meine Tochter wiederum hatte an meinem Geburtstag – ich hatte schon unter der Woche meinen 80. Geburtstag gehabt, aber zum Feiern habe ich am darauf folgenden Samstag eingeladen – ein wunderbares Buffet gemacht und auch Kuchen gebacken. Das war schon mal ein Vorgeschmack auf die große Feier am Wochenende.

Aber das war noch nicht alles. Zum Abend gab es noch heiße und kalte Speisen. Die Auswahl war super, und es würde gar kein Ende nehmen, das alles aufzuzählen.

Gegen 21 Uhr ging es dann langsam dem Ende entgegen, und ich habe noch den restlichen Kuchen unter den Gästen aufgeteilt. Aber nun war ich auch geschafft, denn ich war selten an meinem Platz. Ich bin von Tisch zu Tisch gegangen, um mich mit allen meinen Gästen unterhalten und für die Geschenke bedanken zu können. Auspacken konnte ich die Geschenke aber erst zu Hause. Jeder hatte sich unheimlich Mühe gegeben, das Richtige zu finden. Während des Auspackens bin ich aber schon fast vor Müdigkeit eingeschlafen. Also nichts wie ab ins Bett!

Am nächsten Tag habe ich in Ruhe noch einmal alles Revue passieren lassen. Es war alles wunderschön und ein rundum gelungenes Fest, an das ich immer wieder gern zurückdenke.

Der Neubeginn

Ilse und Käthe waren Zwillinge. Sie waren ganz liebe Mädchen, aber sie konnten es nicht so ausleben wie sie es gern gemocht hätten, denn sie mussten im Haus sehr viel arbeiten. Ihre Mama war schon sehr lange krank, und der Papa war auch kaputt, wenn er abends von der Arbeit nach Hause kam. Er arbeitete als Packer in einer großen Möbelfabrik. Das war eine sehr schwere Arbeit, aber er musste dafür sorgen, dass das Geld rein kam. Ich muss dazu sagen, dass sie zu Hause noch eine kleine Bauernstelle zu bewirtschaften hatten mit zwei Kühen, ein paar Kaninchen, Hühnern und zwei Zicklein. Die Zicklein hießen wie die beiden Mädchen, Ilse und Käthe, und um sie kümmerten die beiden sich auch liebevoll, es waren ihre Lieblinge. Außerdem war da noch ein sehr großer Garten, und der konnte ja auch nicht einfach verkommen. Aber die Einsaat für dieses Jahr war noch nicht in der Erde, und so konnte es einfach nicht weiter gehen. Das war auch dem Vater schon lange klar geworden, und die Kinder waren zu klein, um die schweren Arbeiten in der Bauernstelle und im Garten zu machen. So kam er zu dem Entschluss, seine Arbeit zu kündigen, um sich mit ganzer Kraft um die Bauernstelle und den Garten kümmern zu können. Gedacht, getan. Der Chef war gerade zu Hause, und der Vater ging zu ihm, brachte ihm seine schwierige Lage dar und sagte ihm, dass er sich schweren Herzens dazu entschlossen habe, seine Arbeitsstelle zu kündigen. Der Chef antwortete ihm: „Es ist mir schon aufgefallen, dass Sie nicht mehr so flink gewesen sind wie ich Sie eigentlich kenne. Aber Sie haben zu Hause ja auch eine schwere Last, die auf Ihren Schultern ruht. Ich glaube, es ist für alle das Beste so. Ihre Arbeitsstelle bleibt erst einmal unbesetzt, oder wir stellen nur vorübergehend jemanden für Sie ein, bis Sie wieder kommen."

„Nun", sagte sich der Vater, „da muss ich jetzt durch." Die Kinder wunderten sich, dass ihr Papa so früh nach Hause kam, und sie freuten sich riesig und sprangen um ihn herum. Er sagte mit ernster Stimme zu ihnen: „So, meine kleinen Mädchen, ich muss mal mit euch reden. Es geht nicht anders. Denkt nicht, euer Papa ist faul. Aber ich werde jetzt erst einmal zu Hause bleiben und wieder ein bisschen für Ordnung sorgen. Aber der Mama sagen wir noch nichts, denn sie wird sich große Sorgen machen. Die kleine Landwirtschaft wirft jetzt noch nicht genug ab, um davon leben zu können. Aber wir werden es schon schaffen. Wie sagt es doch der Volksmund: Probieren geht über studieren!"

Die Monate gingen ins Land, und der Vater war bereits ein halbes Jahr zu Hause. Und alles klappte wie am Schnürchen! Die Mädchen gingen wieder pünktlich zur Schule, und sie brachten auch wieder Freundinnen mit nach Hause. Die Tiere wurden gut versorgt, der Garten bekam wieder ein anderes Bild. Es blühten viele Blumen im Vorgarten, und auch im Hausgarten sah es wieder anders aus. Auch die Mama wurde nun gut versorgt. Sie hatte eine sehr schwere Beinverletzung, und jeden Tag kam eine Schwester zum Verbinden. So ging nach und nach alles seinen geregelten Gang, und inzwischen warf der kleine Hof so viel ab, dass sie sich sogar noch eine Hilfe fürs Haus leisten konnten. Ab und zu fuhr der Papa auch mal mit seinen Kindern in die Stadt, und sie konnten sich etwas Schönes aussuchen. Und wenn sie ihren Stadtbummel beendet hatten, aßen alle drei noch einen großen Eisbecher.

Als sie eines Tages nach einem solchen Stadtbummel nach Hause kamen, brachten sie der Mama noch ein Stück Kuchen mit. Zu Hause angekommen, kam die Mama ihnen bereits entgegen. Sie war noch wackelig auf den Beinen, aber sie strahlte übers ganze Gesicht. Sie sagte zu ihnen: „Der Arzt war heute hier und hat gesagt, ich dürfe wieder aufstehen!“ Der Papa und die beiden Mädchen drückten die Mama ganz doll, als sie die Nachricht hörten. Die Mama würde wieder ganz gesund werden! Und sie stellten fest: Eigentlich sind wir doch eine glückliche Familie!

Knobeln

Schon wenn die Woche am Montag anfängt, freuen wir Knobler uns darauf, dass bald wieder Freitag ist. Freitag ist nämlich Knobeltag. Dann so gegen 14:00 Uhr startet der AWO-Bus und holt diejenigen von uns, die weiter weg wohnen oder nicht mehr so gut laufen können, zu Hause ab. Wir sind froh, dass wir den AWO-Bus haben; das kann ich sicher auch im Namen derer sagen die den Bus regelmäßig nutzen.

Kaum im AWO-Vereinsheim angekommen, riecht man schon den Kaffee, der uns gleich serviert wird. Und es ist immer wieder eine Überraschung, welchen Kuchen es wohl gibt. Es sind immer andere Kuchen: mal Apfelkuchen, mal Donauwelle, und und und… ich müsste eine Seite voll schreiben, so viele verschiedene Kuchen werden gebacken. Die Frauen, die uns bedienen, sind auch in der AWO und machen alles ehrenamtlich. Auch das Kuchenbacken.

So gegen 15 Uhr, wenn alle ihre Kaffeestunde beendet haben, geht es ans Knobeln. Ich sitze meistens mit drei Frauen am Tisch. Jetzt geht es los, und alle hoffen, dass sie nicht so schlecht spielen. Zwischendurch werden natürlich weiterhin Neuigkeiten ausgetauscht; zu erzählen gibt es ja immer etwas. Manchmal sind es sehr amüsante, manchmal aber auch traurige Neuigkeiten. Manchmal geht man auch zu den Leuten am Nachbartisch. Aber wenn man wieder mit Spielen an der Reihe ist, heißt es: zurück an den Tisch und würfeln… sonst werden wir mit dem Spielen ja nicht bis abends fertig. Außerdem bringt manchmal jemand noch etwas zum Naschen mit, und so geht die Zeit immer schnell vorbei. Auch heute ist erst einmal wieder Schluss, und wir freuen uns schon aufs Preisknobeln. Das findet einmal im Monat an einem Samstag statt – und das ist schon morgen! Es gibt sehr schöne Fleischpreise zu gewinnen. Ach ja, Preisskat findet auch noch statt. Früher war das an verschiedenen Tagen, aber seit nicht mehr ganz so viele Leute da sind, finden Preisknobeln und Preisskat gleichzeitig statt. Skat spielen natürlich hauptsächlich die Männer, aber auch einige Frauen. Und wenn abends die Preise verteilt sind, kann wer will noch eine heiße Wurst essen. Danach ist dann allmählich Schluss, und es geht wieder nach Hause. Auch hier ist der AWO-Bus wieder zur Stelle. Und ob man nun etwas gewonnen hat oder nicht, das ist gar nicht wichtig. Es ist immer ein schöner Nachmittag, und wir freuen uns schon - aufs nächste Knobeln!

Das leere Versprechen

Endlich Schulferien! Ich freute mich schon sehr auf die Ferien bei meiner Oma und meiner Tante Magda in Nindorf. Also nichts wie die Koffer gepackt, und meine Eltern brachten mich zum Bahnhof. Dann musste ich nur noch bis Rendsburg fahren, und von da ging es mit der Kleinbahn weiter. Beide Fahrten sollten je eine Stunde dauern, aber als ich in Rendsburg ankam, hatte ich noch zwei Stunden Zeit, bis die Kleinbahn fuhr. Da ich die Uhrzeit kannte, ging ich nicht gleich zum Kleinbahnhof. Meine Eltern hatten mir ein Taschengeld mit gegeben. Ich ging in eine kleine Gastwirtschaft und bestellte mir einen Teller Erbsensuppe. Andauernd guckte ich auf die Uhr, doch die Zeit verging nur langsam. Ich hatte noch 1 ½ Stunden Zeit – was also machen? Schon zum Kleinbahnhof gehen? Aber ich entschied mich dagegen und ging noch ein bisschen im Park spazieren. Ich setzte mich auf eine Bank, und ich sah viele Leute vorbei gehen. Vor allem Muttis mit ihren kleinen Kindern, denn im Park war ein kleiner Spielplatz. Wie spät war es jetzt? Ah, ich hatte noch eine Stunde Zeit. Doch den Zug wollte ich keinesfalls verpassen. Der nächste Zug fuhr nämlich erst um 18 Uhr. Ich wusste die Zeiten so genau, weil mein Papa sie mir aufgeschrieben hatte. Es konnte nichts schief gehen, wenn ich mich daran hielt. Ich blieb noch etwas im Park, bis ich nur noch eine halbe Stunde Zeit hatte. Zu gehen hatte ich 15 Minuten, also blieb mir noch genug Zeit, und ich machte mich auf die Socken. Dort angekommen, stand der Zug schon da. Einsteigen durfte man aber noch nicht. Bis der

Aufruf durch den Lautsprecher kam: „Alles einsteigen!" Ich mein Köfferchen geschnappt, und endlich ging es los! Ich kannte den Schaffner, denn ich bin diese Strecke schön öfter mit meinen Eltern gefahren. „Na", sagte er noch zu mir, „heute ganz allein? Na ja, du bist ja auch schon ein großes Mädchen." Ich sagte ganz verlegen: „Ja." Aber es war schon etwas anderes, als nur von Kiel nach Rendsburg zu fahren. Auf der Fahrt war alles noch eher städtisch, doch jetzt ging es mehr über die Dörfer. Es wurden auch Tiere mitgenommen, und der Schaffner kannte fast alle Leute, die mit dem Zug fuhren. Wir fuhren noch durch einige Dörfer, bis ich schließlich in Nindorf aussteigen musste. Ach, eigentlich war es eine schöne Fahrt.
Am Bahnhof angekommen, stand da schon meine Oma und wollte mich abholen. Wir hatten noch etwa ½ Stunde zu gehen, aber Oma kannte eine Abkürzung. Ich war froh, dass wir die nahmen, denn ich war ja schon lange unterwegs und ziemlich müde. Oma trug auch meinen Koffer. Kaum angekommen, stand schon meine Tante im Hauseingang. Sie freute sich sehr und fragte mich, wie lange ich denn bleibe. „Ich weiß nicht", antwortete ich, „Mama und Papa holen mich wieder ab. Bis dann darf ich bleiben."

Und ich verbrachte viel Zeit bei den beiden. Ich muss allerdings dazu sagen, ganz artig war ich auch nicht immer. Meine Oma sagte immer: „Lauf nicht so schnell!" oder „Pflücke nicht immer die unreifen Äpfel ab!", vor allem aber: „Iss nicht immer die Biochemie-Tabletten auf! Da kannst du krank von werden!" Na ja, was noch? …

Eines Tages sollte ich wieder einmal irgend etwas gemacht haben. Sie sagte zu mir: „Weißt du was? Wenn du ab jetzt artig bist, darfst du mit zum Schweinewaschen. Und du darfst dabei die Seife tragen." Ich fragte: „Wann geht es denn los?" „Heute Abend." Also durften den ganzen Tag keine Klagen mehr kommen. Das fiel mir sehr schwer. Aber ich habe durchgehalten, denn ich wollte doch unbedingt mit zum Schweinewaschen.
Doch als es Abend war, ging es doch nicht los. Die ganzen Tage fragte ich immer wieder, wann es denn endlich los gehen würde. Immer wieder antwortete meine Oma: „Heute Abend gehen wir zum Schweinewaschen. Wenn du schön artig bist!" Doch jeden Tag das Gleiche: Es ging wieder nicht los. Meine Oma wollte bloß erreichen, dass ich artig blieb. Das hat sie ja auch geschafft. Doch so etwas sollte man nie mit einem Kind machen. Das leere Versprechen hat mich so enttäuscht.
Es waren trotzdem noch schöne Zeiten bei der Oma und der Tante, und ich bin auch noch öfters auf Ferien dort gewesen. Da war ich auch schon wieder älter und vernünftiger. Und das Wort „Schweinewaschen" wurde nie mehr ausgesprochen.

Das kranke Zicklein

Anfang der 1960er Jahre hatten wir einen guten Freund, der hieß Willi, und der hatte einen kleinen Bauernhof zu bewirtschaften. Er hatte allerhand Tiere: Schafe, Ziegen, Enten, Hühner, Gänse und auch Kaninchen. Eigentlich so ziemlich alles, was zu einem kleinen Bauernhof gehört. Ach ja, Kühe und Pferde hatte er nicht, und Schweine glaube ich auch nicht. Willi brauchte den Platz ja schon für die anderen Tiere, und er hatte ein Herz dafür. Außerdem waren er und mein Mann gute Freunde, einer war immer für den anderen da.

So kam es, dass der Willi eines Tages aufgeregt zu uns kam und sagte: „Ihr müsst mir mal helfen. Ich weiß einfach nicht weiter." „Na, was hast du denn?" „Eine meiner Ziegen ist krank. Es ist Fritzi, die kleinste. Sie hat so starken Durchfall. Ich mache mir große Sorgen." „Na gut", sagte mein Mann, „ich komme gerne mit. Aber ich kann dir da bestimmt auch nicht viel helfen. Besser ist, du holst einen Tierarzt. Aber wollen wir erst mal abwarten… Ah, ich weiß was. Gib ihr doch Schokolade! Das könnte helfen!" „Nee, die hat schon eine ganze Tafel aufgefressen, und es hat nicht geholfen." „Dann solltest du wirklich den Tierarzt holen." Willi holte also den Tierarzt, und der untersuchte das kleine Zicklein. Er nahm ihr Blut ab und sagte: „Ich kann noch nicht sagen was sie hat. Sobald ich den Befund habe, melde ich mich. Sie kommt aber bestimmt wieder auf die Beine."

Doch es kam anders. Wir hatten schon über eine Woche nichts von Willi gehört, bis es an einem Sonnabendmorgen, wo eigentlich jeder mal ausschlafen kann, ganz früh an unserer Tür klingelte. Es war Willi, aber nicht allein: Er hatte einen prall gefüllten Beutel unter dem Arm, und ich sagte: „Du bringst uns bestimmt das Kaninchen, das wir schon so lange bei dir bestellt haben. Da werden die Kinder sich aber freuen, die fragen schon immer, wann es denn endlich den Kaninchenbraten gibt!" „Nein, etwas viel Leckereres! Ich bringe euch einen leckeren Sonntagsbraten! Hier, die Ziege, wegen der ich eure Hilfe brauchte. Ich musste sie leider schlachten, der Durchfall ging einfach nicht weg. Aber keine Sorge, sie kann ohne Bedenken gegessen werden. Der Arzt hat gesagt, er habe nichts feststellen können. Sie muss irgend etwas gefressen haben was sie nicht vertragen hat. Und ich weiß ja, wie ihr mitgelitten habt, da dachte ich, ihr sollt die Ziege haben und habt einen schönen Sonntagsbraten. So, nun muss ich aber auch los, Annadora wartet schon auf mich mit dem Frühstück. Ich wünsche euch einen guten Appetit!"

Der Samstag ging vorbei, es wurde Sonntag. Und die ganze Zeit dachte ich mir: Was kann ich nur tun, damit ich Fritzi nicht essen muss? Wir hatten den Kindern ja auch erzählt, was mit der Ziege von Willi war, aber mir fiel einfach keine Lösung ein. Nun sollte ich als Mama ja ein schönes Sonntagsgericht zubereiten, und so wusch ich das Zicklein erst einmal gründlich ab, würzte sie – immerhin war sie schon zerlegt – und dann rein in den Schmortopf! Ab und an hob ich den Deckel hoch und roch daran… dieser eigenartige Geruch… jedes Mal dachte ich mir: „Oh Gott, wenn sie so schmeckt wie sie riecht…"

Nun ja, alle freuten sich schon auf den Braten. Es sollte Rotkohl und Kartoffeln geben und leckere Soße dazu. Bald saßen alle am

Tisch, und alle hatten sich die Teller voll gefüllt. Ich sagte noch: „Guten Appetit!“ Doch dann fiel mir im letzten Moment etwas ein! Ich sagte zu meiner Familie: „Wisst ihr noch, wie schitterig[1] Fritzis Po die letzte Zeit war?“ Kaum hatte ich das gesagt, schob meine Familie die Teller von sich weg, und keiner mochte mehr etwas essen. Meine Tochter sagte noch: „Mamaaaaa!!“ Und ich erntete einige entsetzte Blicke. Aber ich war so froh, dass wir die Ziege nun doch nicht essen mussten. Ich sagte: „Esst doch den Rotkohl und die Kartoffeln, und ich habe noch fertige Frikadellen, die mache ich heiß. Da schmeckt die Soße auch gut zu.“
Von der Ziege wurde dann auch nicht mehr gesprochen. Die hat unser Nachbar bekommen. Dem hat sie lecker geschmeckt, und wir haben ihm auch nicht gesagt was vorher mit der Ziege passiert war… So hat der leckere Braten doch noch einen Feinschmecker gefunden. ☺

[1] „schitterig“ = plattdeutsch für „verkotet“.

Tablettenrennen

Eines Morgens – es war noch früh, und ich war noch müde - horchte ich in mich hinein, und es war mir so, als hörte ich von innen eine Stimme. Und tatsächlich: es rief jemand vom Magen aus lauthals: „Nun kommt schon endlich runter, damit ich mich noch ein wenig hinlegen kann! Ich musste heute Nacht etliche Dinge über mich ergehen lassen!“ Ich holte mir erst einmal ein Glas Wasser, und schon ging es los.

„So, nun erst die Älteren und die Größten zuerst! Na, traut sich keiner?“. „Na, wenn keiner den Anfang macht…“ Und schon kam die Kleinste an. Der Pförtner sagte: „Ach, was ist denn mit dir los? Du kommst doch sonst immer huckepack mit Diuretikum.“ „Ach, der kam nicht früh genug aus seiner Dose! Außerdem sagt er, ich sei so pelzig und würde immer an ihm kleben wie eine Klette. Und wir werden wirklich dringend gebraucht, für die Blase!“ „Naja, ich mache heute mal eine Ausnahme. Rutsche weiter, du kennst ja den Weg!“ „Ich bin dran!“, sagte Rhythmonorm, „ich bin für das Herz und sehr, sehr wichtig!“. „Ja ja, nun sieh zu, dass du weiter rutschst!“

„So, wer kommt denn noch? Ah, da kommt die nächste. Hey, du bist in der verkehrten Bahn! Wie machst du es denn sonst?“ „Ach rege dich nicht auf, es gibt mich ja erst seit ein paar Monaten. Mein Name ist Losartan, und ich bin auch da um das Herz zu unterstützen.“ „Na dann rutsche auf deinen Platz. Aber halt! Du bist falsch! Wo sitzt denn bei dir das Herz? Rechts?“ „Ach, ich dachte ich nehme mir heute mal die Nieren vor. Okay ich gebe es zu, ich habe mich ‚verrutscht'." „Wenn du so weiter machst, streiche ich dich vom Plan! Na ja, kann ja mal vorkommen. So, der nächste! Wer kommt jetzt?" „Ich bin für die Blutgerinnung zuständig. Mein Name ist Marcumar. Aber halt, ich bin erst heute Abend dran. Ich wollte nur mal gucken wie glatt die Bahn heute ist." „Na nun geh schon aus dem Weg! Es kommen noch welche."

Es fehlt noch Biotin. Die ist für die Haare und für die Nägel an Fingern und Zehen. „Aber halt, mein Fräulein, dich gibt es noch nicht auf Rezept. Du bist zuletzt dran! Ach egal, ich mache heute mal eine Ausnahme. Und nun sie zu, dass du aus der Bahn kommst!"

Der Pförtner war sehr angeschlagen und sagte: „Ich glaube ich brauche selber bald eine Tablette!"

Natürlich hatte ich alles nur geträumt. Oder wollte mich etwa jemand daran erinnern, pünktlich meine Tabletten zu nehmen? Jedenfalls war meine Tablettendose leer…

Hackfleischbällchen

Immer wenn das Geld am Monatsende knapp wurde, gab es bei uns Hackfleisch. Denn das war billig und man konnte allerhand daraus machen. Mal gab es Kohlrouladen, mal gab es Kohlpudding, auch Schichtkohl genannt - ein Gericht, bei dem Kohl und Hackfleisch jeweils schichtweise in eine Form gegeben und dann im Wasserbad gekocht wurden.
Nun, so gut so schön, alle Zutaten waren bereits da; es fehlte nur noch das Hackfleisch. Das sollte ich besorgen, und ich freute mich riesig es zu holen, denn ich aß Hackfleisch sehr gern. Ich ging also zum Schlachterladen, und meine Mutter wartete schon auf das Hackfleisch. Aber bevor es zu ihr gelangte, habe ich erst einmal tüchtig davon genascht. Es wurde weniger und weniger, bis kaum noch etwas übrig war. Ich fragte mich: „Was mache ich nur?" Ich hatte vorher gar nicht darüber nachgedacht, sondern einfach drauf los genascht. Dann hatte ich eine Idee: Ich drückte das Hack platt, legte es auf den Türdrücker unserer Wohnungstür und lief erst einmal weg. Ich hatte ein ganz schlechtes Gewissen. Aber irgendwann musste ich ja nach Hause gehen, und schließlich begab ich mich ganz zögerlich nach Hause. Meine Mutter war sehr verärgert: Es gab weder Kohlrouladen noch Kohlpudding. Nicht einmal richtige Frikadellen, nein, meine Mutter musste sich etwas einfallen lassen, da einfach zu wenig Hackfleisch übrig war. Etwas möglichst Kleines musste es sein... und so gab es Fleischklößchen mit Soße und Kohlsüßsauer, das schmeckte wie Rotkohl. Mein Vater fragte gar nicht, warum es

nur so kleine Klößchen gab. Stattdessen sagte er: „Das macht mal öfter, das ist lecker!“ Na, wenn das kein Freibrief für mich war... ☺

Die Reise nach Helgoland

Es sollte unsere schönste Urlaubsreise werden: die Schifffahrt nach Helgoland. Aber es kam alles anders als gewollt. Die ganze Woche hatten wir uns schon gefreut. Als es soweit war, hieß es früh aufstehen. Denn wir mussten ja noch nach Büsum fahren. Mein Schwiegersohn war der Fahrer, meine Tochter, ihre beiden Söhne, meine Mutter und meine Wenigkeit kamen mit. Unser Schiff, die Fanny Girl, lag schon am Kai, als wir in Büsum ankamen. Fahrkarten hatten wir schon vorher bestellt, und wir freuten uns alle schon riesig auf die Fahrt. Wir gingen an Bord, und schon da merkte ich, dass es ziemlich windig war. Kaum hatten wir unseren Platz eingenommen, ging es auch schon los. Der Kapitän wünschte allen eine gute Fahrt, und er fügte noch hinzu, dass es eine turbulente Reise wird. Was er damit wohl gemeint hat?

Die Bedienung kam und fragte, was sie für uns tun könnte. Meine Tochter guckte ihre Kinder an. Oliver sagte: „Mama, ich möchte eine Brause und bitte ein Brötchen mit Nutella!“ „Ach Oliver“, sagte meine Tochter, „das kannst du doch jeden Tag zu Hause essen. Na ja, von mir aus, du bekommst dein Nutella-Brötchen.“ Kaum gesagt, bekam Olli sein Nutella-Brötchen und eine große Brause. Björn wiederum wollte gern einen Teller Milchsuppe haben. „Na“, sagte meine Tochter, „wir wollen mal sehen ob du das hier bekommst.“ Die Bedienung lächelte: „Du hast Glück, junger Mann! Wir haben Milchsuppe, denn eines unserer Besatzungsmitglieder hat eine kleine Magenverstimmung, und der Koch hat gleich etwas mehr von der Milchsuppe gekocht, die der Mann bekommen hat." „Toll!", freute sich Björn, und damit waren die Kleinen versorgt. „Und nun zu Ihnen. Was kann ich Ihnen bringen?" Fast wie aus einem Munde gesprochen sagten wir: „Ein Brötchen mit Krabben! Und eine große Kanne Kaffee." Kurze Zeit später waren auch wir versorgt, und wir ließen es uns schmecken. Aber die Freude währte nicht lange. Ich schaute zum Nachbartisch und nahm zur Kenntnis, dass Tüten verteilt wurden. Ich erzählte meiner Tochter davon, doch sie sagte: „Mama, das ist hier so. Die gehören nun einmal dazu." Doch kaum hatte sie das ausgesprochen, ging es schon los. Das Schiff fing immer stärker an zu schaukeln – der Kapitän sollte Recht behalten. Unsere leckeren Brötchen bekamen wir schon gar nicht mehr auf, denn es wurde schlimmer und schlimmer. Wir saßen ganz unten, und wir waren mehr unter der Wasserlinie als darüber. Das Schiff schaukelte nach allen Seiten. Die Toiletten waren auch schon gesperrt worden. Ich schaute wieder zum Nachbartisch, wo alle schon flach lagen. Bei uns ging es noch, aber auch das sollte sich schnell ändern. Über unsere Freude hatten wir das Schaukeln des Schiffes zunächst gar nicht so richtig wahrgenommen. Dafür jetzt umso mehr! Zuerst war den Kleinen übel, danach war mein Schwiegersohn dran. Er sah richtig grün im Gesicht aus. Dann meine Tochter, und ich war stolz dass es mir noch gut ging! Aber auch das sollte nicht lange anhalten. Es wurde so schlimm, und wir brauchten alle die Tüten. Wofür, muss ich wohl nicht mehr erklären… Aber halt! Wir alle? Nein! Meine Mutter von damals fast 80 Jahren war putzmunter! Es waren auch junge Leute an Bord, denen es offenbar ebenfalls noch gut ging, und meine Mutter gesellte sich zu ihnen und sang mit ihnen fröhlich Lieder! Sie sangen im Chor: „So ein Tag, so wunderschön wie heute…“. Die hätte ich alle in die Tonne treten können, denn mir ging es inzwischen auch so mies. Ich versuchte den Kopf nach hinten zu lehnen, aber ich empfand das als unangenehm und wollte mich wieder normal hinsetzen. Aber es ging nicht, der Kopf war schwer wie ein Stein. Irgendwie habe ich es dann doch geschafft, mich wieder gerade hinzusetzen. Immerhin waren die Kleinen inzwischen eingeschlafen, offenbar vor Erschöpfung. Das Unwetter tobte immer noch, und das Schiff wehrte sich tapfer gegen die stürmische See. Es hörte sich wirklich gruselig an, und man meinte, das Schiff schlug unten am Grund auf. Ich habe nur noch gedacht: „Wann sind wir bloß endlich da?“ Gott sei Dank dauerte es nicht mehr lange, bis der Kapitän seine Durchsage machte. Zuerst fragte er: „Wie geht es Ihnen? Ich hoffe, es geht Ihnen gut. Ich möchte Ihnen mitteilen, dass wir in einer halben Stunde ankommen. Wer es noch nicht kennt: Sie müssen in ein anderes Schiff ausbooten, aber Sie brauchen keine Angst zu haben. Das sind erfahrene Seeleute, die das machen. Die helfen Ihnen.“

Kaum waren wir auf Helgoland angekommen, stand da schon das Schiff, das uns später wieder zurück fahren sollte. Uns war immer noch übel. Von unserem Aufenthalt hatten wir nicht viel, und so steuerten wir erst einmal eine Wirtschaft an. Allmählich kam der Hunger auch wieder durch, und wir holten uns jeder eine Wurst und ein Brötchen. Aber mit Genuss haben wir das nicht gegessen. Wir hatten immer vor Augen, dass die Rückfahrt vielleicht genau so furchtbar sein könnte. Wir schlichen noch ein wenig auf Helgoland herum, sahen aber nicht wirklich viel von Helgoland. Wir hörten schon, wie einige Leute sagten: „Wir müssen uns wohl für heute Nacht eine Unterkunft suchen, denn unser Schiff darf nicht auslaufen." Es war die „Roland von Bremen". Als wir das hörten, dachten wir schon, es würde wieder eine stürmische Seefahrt werden. Und unser kleiner Björn sagte: „Mama, ich gehe lieber zu Fuß nach Hause!" Zum ersten Mal seit der Hinfahrt konnten wir wieder lachen.

Na ja, allmählich machten wir uns fertig für die Rückreise. Die verlief dann auch einigermaßen ruhig. Es war sogar angenehm. Und wieder sang der Chor in der gleichen Besetzung wie auf der Hinfahrt fröhlich Lieder – und meine Mutter wieder mitten drin! Doch dieses Mal war es ein ganz anderes Gefühl, ruhig den Kaffee zu trinken und ein schönes Stück Torte zu essen. Und kaum waren wir in Büsum angekommen – es war schon spät und dunkel – machten wir noch in einer Wirtschaft Rast. Wir bestellten uns Bratkartoffeln mit Sauerfleisch. Gut gesättigt - und nicht mehr übel – traten wir unsere Fahrt nach Hause an. Trotz allem war es doch eine schöne und vor allem erlebnisreiche Reise nach Helgoland, die wir so schnell nicht vergessen werden.

Der große Fang

Mein Sohn Thomas fragte mich immer wieder, wann denn endlich Schulferien sind. Er konnte es gar nicht abwarten, mit seinem Vater angeln zu gehen. Und als endlich Ferien waren, fragte er wieder, wann es los geht. Ich sagte zu ihm: „Es dauert bestimmt noch ein paar Tage, denn erst müssen die Kaninchen gemistet werden. Und der Hühnerstall auch... Aber ich weiß was: Du liebst doch auch die Tiere. Fang du doch schon mal an, die Ställe auszumisten." Thomas sagte: „Ach, immer ich! Mein großer Bruder kann doch auch mal helfen, aber der hat immer nur seinen Fußball im Kopf!" „Du weißt doch", entgegnete ich, „Klaus hat Sonntag ein Turnier, und er muss jeden Tag zum Training. Sie möchten doch gerne Stadtmeister werden. Und manchmal gehst du doch auch gerne mit!" „Ja", sagte Thomas, „das ist Sonntag. Aber wenn Papa mit zum Fußball geht, dann wird es ja wieder nichts mit Angeln." „Nun warte doch erst mal ab." Thomas guckte schon ganz traurig. „Hör mal, mein Junge. Das war Papa. Du sollst mal ganz schnell runter kommen." Er konnte gar nicht so schnell laufen. Und dann rief er von unten hoch: „Mama, wir fahren heute schon zum Angeln!" Thomas musste dafür später allein die Ställe ausmisten. Doch das machte ihm nichts mehr aus. Es wurde schnell noch hastig gegessen, und schon ging es los. Ich wünschte beiden noch: „Petri heil!", und weg waren sie.

Abends lag ich schon im Bett, als beide immer noch nicht wieder da waren. Doch dann hörte ich sie kommen. Sie wollten leise sein, damit Hanna nicht aufwachen würde, und flüsterten: „Komm bitte mal runter! Du sollst mal unseren Fang sehen!" Wir zählten die Heringe: es waren weit über 30 Fische! Doch wohin mit den vielen Fischen? „Na ja, ihr findet schon einen Platz", sagte ich und ging wieder ins Bett.

Am nächsten Morgen wollte ich mich mal so richtig entspannen und ein schönes Bad nehmen. Ich hatte noch kein Licht im Bad angemacht, da hörte ich es schon plätschern. Ich schaltete das Licht an... und ich traute meinen Augen nicht. In der Badewanne ließen es sich die Fische gut gehen! Aber das sollte nicht lange so bleiben. Bald kamen sie in die Küche zur Weiterverarbeitung. Erst einmal mussten sie schön sauber gemacht werden. Anschließend musste ich sie ausnehmen. Das machte mir nichts aus, und es ging mir schnell von der Hand. Gleich nach dem Krieg hatte ich nämlich in einer Fischfabrik gearbeitet. „Nordland" hieß die, und sie war dort wo heute der Citti-Park steht. Drei Saisons habe ich dort gearbeitet. Nun denn, am frühen Abend hatte ich die Heringe fix und fertig gesäubert, gebraten und in eine schöne Essiglauge eingelegt. Die bestand aus Lorbeerblättern, Zwiebeln, etwas Zucker und vor allen Dingen Essig, aber nicht zu viel. Na ja, das weiß jede Hausfrau: Heringe gebraten und in Essig gelegt, das ist immer eine Delikatesse. Aber es ist auch viel Arbeit, und ich hätte nicht jedes Wochenende so verbringen wollen. Aber mein Sohn Thomas konnte endlich mal wieder angeln.

Die Augen-OP

Eigentlich wollte ich mir nur eine neue Brille holen – und landete auf dem OP-Tisch! Und das kam so:
Ich ging zu einem bekannten Optiker in Kiel, und dort ging es auch gleich los. Es begann mit einer Augenprüfung. Und ich suchte mir ein neues Brillengestell aus. Das dauerte alles etwas länger, denn ich wurde von einer jungen Auszubildenden bedient, die sich aber sehr viel Mühe gab und mich gut beriet. Die abschließende Untersuchung führte jedoch eine Optikerin durch, und die sagte anschließend zu mir: „Die Augenprüfung ist nicht so gut ausgegangen. Sie haben auf beiden Augen nur 30 bzw. 40 Prozent Sehleistung, und das auch nur mit einer Brille. Damit sollten Sie unbedingt erst zum Augenarzt gehen, bevor Sie eine Brille bekommen."
Nun ja, ich holte mir also einen Termin beim Augenarzt, und schon bald wusste ich, was ich hatte: den Grauen Star. Auf beiden Augen. Daher kam also meine starke Sehschwäche. Im ersten Moment war ich sehr verunsichert und auch ein wenig geschockt, zumal der Arzt sagte, ich werde um eine Operation nicht herum kommen. Er informierte mich jedoch gleich über die Operation und überwies mich an die Augenklinik Bellevue. Ich musste mich um gar nichts kümmern, das regelte alles der Augenarzt. Und schon wenige Tage später hielt ich ein Schreiben der Augenklinik Bellevue in meinen Händen. Schon in zwei Wochen hatte ich meinen ersten Termin, und weitere zwei Wochen später den zweiten. Zuerst sollte mein rechtes Auge operiert

werden, im zweiten Termin dann das linke.
Bald war es so weit, und am Vorabend der OP packte ich meine Tasche. Es musste ja einiges mitgenommen werden, denn ich sollte über Nacht in der Klinik bleiben. Was ich alles mitnahm, muss ich sicher nicht aufzählen, denn jeder der schon einmal im Krankenhaus war, weiß sicherlich was man da so alles mitnimmt. Ich packte die Papiere für die Klinik zusammen und bestückte schließlich noch meine Handtasche, und dann konnte es auch losgehen.
Am nächsten Morgen war es dann soweit. Ich hatte schon ein bisschen Angst. Aber ich war ja nicht allein: Zuerst fuhr Martin mich zu meiner Tochter Hanna. Dort tranken wir noch einen Kaffee und redeten etwas, und dann fuhren wir zur Augenklinik. Dort blieb Hanna die ganze Zeit bei mir; Martin fuhr zu seinem Dienst. Kaum in der Augenklinik angekommen, brauchte ich gar nicht lange warten. Schon bekam ich die ersten Augentropfen, und die Augen wurden noch einmal überprüft, denn man wird gleich am Tag der Einlieferung operiert. Als ich auf der Station ankam, musste ich mich auch gleich für die OP umziehen. Ich wurde dann aufgerufen, und wir fuhren mit dem Fahrstuhl in Begleitung eines Pflegers in das Stockwerk mit den OP-Sälen. Ich musste mich auf eine Trage legen und vor den OP-Sälen mit meinen Leidensgenossen warten. Dort wurden wir endgültig fertig für die OP gemacht, und schließlich hieß es: „Frau Rohlfs bitte in den OP bringen!" Jetzt, unmittelbar vor der eigentlichen Operation, kam noch einmal ein ganz mulmiges Gefühl in mir hoch. Ich bekam eine Kanüle gelegt, und der Blutdruck wurde noch einmal gemessen. Der war natürlich sehr hoch. Aber die

Ärztin, die mich operieren sollte, beruhigte mich: „Der Blutdruck wird gleich wieder sinken." Und schon ging es los. Ich bekam noch eine Spritze gesetzt, und ich hatte das Gefühl, ich träume. Ich merkte nur noch, dass irgend etwas gemacht wurde. Ich habe aber kein bisschen gespürt, keinen Schmerz, rein gar nichts. Und vorher hatte man sich noch solche Sorgen gemacht. Alles ganz unbegründet. Es war sogar irgendwie angenehm. Während der OP sah ich nämlich plötzlich ein Meer aus Farben, die wie Blumen vor meinem Auge erschienen. Und dann sagte die Ärztin zu mir: „So, ich bin gleich fertig. Es ist alles gut verlaufen." Ich war ganz überrascht, und ich erzählte der Ärztin was ich gesehen hatte. Sie sagte: „Oh das ist aber schön, was Sie gesehen haben. Jeder sieht bei der OP etwas anderes, aber das was Sie gesehen haben ist wirklich schön! Ich möchte jetzt nur noch, dass Sie ein Pflaster über Ihr Auge geklebt bekommen, und dann werden Sie auch schon auf Ihr Zimmer gebracht."

Nach der Operation bekam ich Kaffee und ein leckeres Stück Kuchen zur Stärkung. Da es schon recht spät war, als ich operiert worden war, dauerte es auch nicht mehr lange bis zum Abendbrot. Die Nacht habe ich schmerzfrei verbracht. Ich habe jedoch geträumt, das linke Auge sei schon mit operiert worden. Aber das war ja leider noch nicht soweit. Das wäre auch gar nicht gegangen, denn dann hätte ich ja zwei Pflaster auf den Augen gehabt und wäre total blind gewesen. Aber die Operation des zweiten Auges habe ich ja noch vor mir. Und dieses Mal mache ich mir viel weniger Gedanken als vor der ersten OP. Das rechte Auge ist ja sehr gut geworden. Eine Woche nach der OP hat die Nachuntersuchung ergeben, dass das Auge sehr gut verheilt ist und dass ich bereits 80 % Sehkraft auf dem Auge habe. Ich bin mit der Operation und dem Ergebnis sehr zufrieden. Die zweite OP wird wieder von der gleichen Ärztin durchgeführt werden. Und wie bei der ersten OP werde ich ihr sagen: „Ich lege mein Vertrauen in Ihre Hände." Und das ist ja auch erhört worden.

Die zweite und dritte Augen-OP

Ich war so voller Hoffnung, dass alles gut gelaufen war – aber da sollte ich mich schwer getäuscht haben. Denn die OP des linken Auges war nicht gut gegangen. Ich hatte gleich nach der OP ein komisches Gefühl, weil ich schon kurze Zeit danach so ein Ziehen im Auge hatte. Als es nachts immer schlimmer wurde, sagte ich der Schwester Bescheid. Die gab mir eine Schmerztablette und versuchte mich zu beruhigen: „Es war ja auch eine Operation, und es wurden Schnitte im Auge gemacht. Da kann es immer mal sein, dass Sie danach etwas Schmerzen haben." „Na ja", sagte ich zu mir selbst, „es wird sich schon bessern." Immerhin wollte ich am nächsten Morgen entlassen werden. Ich schlief auch ein, und als ich geweckt wurde, hieß es schon „Sachen packen". Ich tat es voller Freude, obwohl die Schmerzen immer noch nicht weg waren. Bis es soweit war, verging noch einige Zeit. Wir – also die anderen, die auch gestern operiert worden waren, und ich – wurden noch einmal untersucht. Schließlich war ich auch an der Reihe. Die Ärztin wusste schon, dass es mir mit dem linken Auge nicht so gut ging. Sie empfing mich gleich mit den Worten: „Na, und Sie hatten Schmerzen heute Nacht?" „Ja, ein bisschen", sagte ich. Das war natürlich untertrieben, aber ich wollte ja nach Hause. „Ich schaue es mir gleich mal an", sagte sie. Ich sah sie voller Erwartung an, was wohl kommen wird. „Was ich sehe, sieht gar nicht gut aus. Sie werden wohl noch ein paar Tage hier bleiben müssen. Sie müssen gleich zu meiner Kollegin, die entscheidet, wie es weiter geht."

Ich wartete also, bis ich endlich dran war – es waren noch etliche Patienten vor mir an der Reihe. Die hatten schon ihre Sachen gepackt, und die meisten von ihnen durften auch nach Hause. Nun wurde mein Name aufgerufen. Die Ärztin eröffnete mir, dass sie schon wusste, was mit mir war. Ihre Kollegin hatte sie schon angerufen und informiert. „Ich werde es mir noch einmal anschauen", sagte sie. Ich entgegnete: „Ich würde auch mal gern erfahren, was eigentlich mit meinem Auge los ist. Keiner sagt mir etwas!" „Gleich nach der Untersuchung kann ich Ihnen Genaueres sagen", antwortete die Ärztin. „Sie werden aber eventuell eine Woche, vielleicht sogar vierzehn Tage hier bleiben müssen." Kurze Zeit später, nach der Untersuchung, erfuhr ich dann, was los war: „Die eigentliche Operation des linken Auges ist gut verlaufen", sagte die Ärztin. „Die Pupille ist noch stark vergrößert, aber das ist normal. Nun aber zu der anderen Sache: Sie haben Bakterien im Auge, davon kommen auch die Schmerzen. Gehen Sie bitte auf Ihr Zimmer. Die Schwester kommt gleich und tropft Ihr Auge. Sie bekommen drei verschiedene Tropfen, außerdem bekommen Sie ein starkes Antibiotikum. Sie dürfen auch nicht zum Essen in die Kantine gehen, Sie bekommen alles auf Ihr Zimmer gebracht."

Ich ging also auf mein Zimmer und rief erst einmal meine Familie an. Die fielen aus allen Wolken. Kaum war ich fertig mit Telefonieren und hatte meine Sachen wieder ausgepackt, kam die Schwester und sagte: „Frau Rohlfs, ziehen Sie sich bitte um, Sie werden in einer Stunde noch einmal operiert." Ich sagte: „Aber ich wurde doch gestern schon operiert!" „Ja", sagte die Schwester, „da haben Sie die neue Linse bekommen, dieses ist eine ganz andere Sache. Jetzt geht es darum, die Bakterien aus Ihrem Auge heraus zu bekommen." Ich mich also schnell umgezogen, denn ich wusste ja wie das ablief. Ich wurde wieder in einem Rollstuhl zu den Operationssälen gefahren, und dann gingen die üblichen Vorbereitungen los: Spritze bekommen, Blutdruck messen – der war natürlich sehr hoch wegen der Aufregung. Na ja, wer mag das schon, an zwei Tagen hintereinander operiert zu werden. Ich wurde in einen Dämmerschlaf versetzt, aber ich bekam trotzdem noch einiges mit. Erst bekam ich eine Spritze ins untere Augenlid, und ich unterhielt mich immer mit der Ärztin. Dann gab es auch ins obere Augenlid eine Spritze, und die war sehr groß und tat sehr weh! Dann wurde das Auge ausgespült. Gleichzeitig wurde immer irgend etwas abgesaugt. Etliche Mediziner waren damit beschäftigt. Das Spülen nam gar kein Ende; ich fühlte mich wie unter einer großen Brause. Ich war in eine Art Regenmantel gehüllt und hatte auch eine Haube auf. Irgendwann war es dann endlich vorbei, und ich wurde wieder auf mein Zimmer gebracht. Ich war total geschafft. Zwischendurch war schon mein Bett neu bezogen worden, und an der Tür war draußen ein rotes Fähnchen angebracht. Das bedeutete, dass keine anderen Patienten zu mir ins Zimmer durften, nur das Personal und Besucher. Hanna und Martin waren schon da und hatten während der OP auf mich gewartet. Sie empfingen mich, als ich nach oben kam, und ich berichtete ihnen alles. Meine beiden Söhne, Thomas und Klaus, und Heidi, Klausi's Frau, kamen mich auch besuchen und halfen mir, die Zeit nicht so lang werden zu lassen und ein wenig auf andere Gedanken zu kommen. Ich musste selbst erst einmal nachdenken und alles verstehen. Da waren bestimmt 50 Patienten, die operiert wurden, und ausgerechnet ich habe mir die Bakterien eingefangen. Natürlich wollte ich nicht, dass jemand anderes die Bakterien bekommen hätte, das wünsche ich wirklich keinem. Aber man fragt sich in so einer Situation doch: „Warum musste das ausgerechnet mir passieren? Bei allen anderen ist es doch auch gut gegangen, warum bei mir nicht?“ Ich war nur froh, dass ich über Nacht da geblieben war. Wer weiß, was noch hätte passieren können, wenn ich zu Hause gewesen wäre. Dann wäre bestimmt mehr Zeit vergangen, bevor man mir hätte helfen können. Und bei der OP kam es ja darauf an, dass schnell gehandelt wird. Nun ja, die OP hat offenbar geklappt. Ich blieb noch zwei Nächte da und bekam jede Stunde Tropfen. Dann durfte ich überraschend doch schon nach Hause. Ein bisschen mulmig war mir dabei schon, hieß es doch erst, ich solle mindestens eine Woche in der Klinik bleiben. Aber ich war auch froh, endlich nach Hause zu können.

Nach einer Woche und noch einmal zwei Wochen später war ich beim Augenarzt zur Nachuntersuchung, und er sagte, es sehe alles gut aus. Nach der zweiten Untersuchung sagte er auch, ich brauche erst in einem halben Jahr wieder zu ihm zu kommen. Ich bekomme nur noch zwei Wochen lang Augentropfen, und zwar in der ersten Woche morgens und abends und in der zweiten Woche nur noch morgens. Dann ist es endlich geschafft!

Ich wollte nur den grauen Star operiert haben. Das ist ja auch gut gelaufen. Aber dass der Weg so steinig werden würde, habe ich nicht geahnt. Nun bekomme ich bald auch eine neue Brille. Die wird deutlich schwächer sein als meine alte. Dank der neuen Linsen muss viel weniger durch die Brille korrigiert werden. So wird am Ende doch noch alles gut. Vor allen drei OP's habe ich zur Ärztin gesagt: „Ich lege mein Vertrauen in Ihre Hände." Nun gut, zum Teil hat es ja auch geklappt. Nur dass aus zwei OP's drei wurden. Aber mit jedem Tag, der vergeht, überwiegt die Freude darüber, alles nun hinter mir zu haben, ein bisschen mehr. Und die Freude, bald wieder richtig gut sehen zu können!